学正宗定位 找顾均辉

定位就是聊个天

顾均辉 著

POSITIONING
THE ART OF COMMUNICATION

生活·讀書·新知 三联书店 生活書店出版有限公司

图书在版编目（CIP）数据

定位就是聊个天 / 顾均辉著. — 北京：生活书店出版有限公司，2023.12
ISBN 978-7-80768-440-4

Ⅰ. ①定… Ⅱ. ①顾… Ⅲ. ①企业发展战略—研究
Ⅳ. ①F272.1

中国国家版本馆CIP数据核字（2023）第195201号

责任编辑　苏　毅
特约编辑　徐春涛
装帧设计　王建敏
责任印制　孙　明
出版发行　生活書店出版有限公司
（北京市东城区美术馆东街22号）
邮　　编　100010
经　　销　新华书店
印　　刷　文畅阁印刷有限公司
版　　次　2024 年 1 月北京第 1 版
2024 年 1 月北京第 1 次印刷
开　　本　880 毫米 × 1230 毫米　1/32　印张 9.125
字　　数　186 千字
定　　价　79.00 元（精装版）
（印装查询：010-64052612；邮购查询：010-84010542）

向奋斗者致敬

本书创作过程中，我收到了不少定位实践者的留言。他们热爱生活，热爱我们这个伟大的国家，他们是一群奋斗者、一群生生不息的中国人！他们激励着我一路前行，致力推动中国产品向中国品牌转变！

在此，摘录部分内容以飨读者。

中国很美，奋斗很美，最美与你同行！

赞誉 | Praise

初看，定位不过是场闲聊，无意间相遇，心生欢喜；细思，已不再只是闲聊，而是心灵的碰撞，令人惊艳；后品，依然是那场闲聊，却已让我沉迷其中，无法自拔。

周　力　西思医疗美容创始人

顾均辉战略定位，企业前行的灯塔，聚焦差异成为第一，讲好品牌故事抓住心智红利，与顾均辉老师再同行 20 年！

李　华　44 岁，上海森佑电梯

顾老师用通俗易懂、轻松幽默的方式阐述了定位的原理，把高深的理论转化为接地气的大白话，让我们明白产品上千差万别、心智上千变万化。学过定位之后感觉沟通和处理事情简单轻松高效多了。

骆慧莲　55 岁，创业者，浙江义乌，富年达绒对联

定位让我明晰了人生的发展方向，顾老师看世界的宏观视野和当下生活的真实态度，让身边的每个人都深受启发，是现代社会的福音。

夏爱青　54 岁，大益茶

失败不一定是成功之母，成功才是成功之父！这是一本把底层逻辑用大白话讲到天花板的书籍。“聊个天嘛，合作愉快”，一个关于生活，一个关于工作。读一本书，明白人性的底层逻辑，让人生开挂！

张再彬　雄正酒业

做产品要严谨，传播上要“浪”，顾老师的品牌定位讲解生动、易懂、易记。本书为此提供了赢取竞争的策略。我们的品牌逆势增长皆归功于此书！

吴玥麟　41 岁，创业者，杭州聿乐家居有限公司

人生经历的得失并不重要，享受的过程很重要，当我走进了顾老师的战略定位，人生从此与众不同。 **茅鹤涛** 59岁，江苏南通

定位就是聊个天，把天聊好了，我们的钱包就会鼓起来；把天聊好了，我们的家庭就会更幸福。 **李宏云** 32岁，创业者，成都漠洲教育

鸡汤好喝，就怕碰到有毒的。听顾老师聊个天式的讲课真的很享受，初品好像喝鸡汤，但却后劲十足，说人话、接地气、很受用。

贾大宇 42岁，创业者，正阳公关

定位是打造品牌核心，定位是找出差异性，实现差异化竞争，快速打败竞争对手。定位不对，一切白废！ **梅 芳** 60岁，青岛

学习顾老师的定位书籍和课程，感受就是"五个一"：一见钟情；一听就懂；一学就会；一直追随；一生受益。

靳洪权 43岁，南京私营企业主

每个人的心智就像是一间只能进不能出的空房子，第一个进去的事物会将它牢牢占领。就像你会记住这个有趣的比喻一样，是顾老师让我明白了这一点。

小贾同学 17岁，学生，深圳

微笑，是一把神奇的打开心扉的钥匙。调整不良情绪，一笑而过后全是坦然和洒脱。 **黄华球** 41岁，创业者，广州，钊丹记商贸有限公司

顾老师的书籍与课程给我最大的影响是对我商业思维的极大提升，这是我在教室里无法学到的，是我需要在职场花费很多年才能领悟到的。"将品牌打入潜在客户心智"，将是我们未来需要追逐的关键词。

贾 蕊 21岁，学生，波士顿

企业不懂定位就等于没有战略方向，缺少战略聚焦的企业就像没有舵的小船，找不到前进的方向。品牌没有定位就等于白喊口号，客户识别不了也记不住，宣传了也等于没宣传。强烈推荐顾老师的这本书，让所有的努力工作都能有成果、达预期。

明　德　52岁，江苏风和医疗器材股份有限公司董事长

你知道商战在哪里打响吗？定位说第一战场在心智，第二战场才是市场，谁能代表你出战？不是产品，而是品牌！ **郭　云**　创业者，南京

对于创业者来说，顾老师的定位实践打开了思路，提升了认知，对企业接下来的战略和顶层设计有非常大的帮助！

郑鸿昊　27岁，杭州初新文化传媒科技有限公司

感谢我的母亲，让我在这个年纪走进顾老师这样高认知的课堂，让我对自己未来的人生选择有了更多维度，同时也非常憧憬自己可以把控未来。

姚亦辰　17岁，高三学生，浙江永康

用一句简单的聊天语就能让对方明白你是谁，你有何不同，并选择你，这才是真正的定位！ **李永才**　56岁，企业家，重庆鑫仕达包装设备有限公司

大道至简，定位就是聊个天。在与顾老师轻松愉快的“聊天”中，感受到顶级战略理论的智慧和魅力！

陈逸飞　30岁，CEO，上海徐氏（中国）实业

通过定位实践，7年实现销售收入增长20倍。定位告诉我们品牌要进入心智，要给出客户选择品牌的理由。定位就是定海神针，让我们始终聚焦核心客户，不断创新，升级迭代核心产品，引领多功能性防护服行业的发展！

李文辉　湖南永霏特种防护用品有限公司

走进定位的世界，跟顾老师学聊天，打破和提升了我和团队小伙伴们的认知，生活和工作都变得轻松愉悦了。希望顾老师的新书能够帮助更多人。

徐丽娟　大连上方御膳商贸有限公司

做产品没有品牌价值做不大，办企业没有定位走不远，得到顾均辉老师正宗定位理论的指导，走得远，做得强。

林普光　春光五金

追随顾老师，从视频、书籍、现场课到实操，历时三个月，终得企业定位。从定位中看到了公司快速发展的希望。祝愿顾老师的新书能够助力更多的企业家！

刘　洪　55岁，总经理，上海阿米特数据系统有限公司

如何在关系中不断发掘自己内心真实需求，是我们坦诚相见的途径，顾老师的"好好说话"，就是把我从自我执念中拔出来的那只手，让我能拥抱这个世界的不同。

何青（Leah）江西南昌，青柠檬餐饮管理有限公司

走进顾老师的定位课堂，经过多次复训，确立了刘巧儿餐饮定位南通菜的战略路线，让企业走上了复兴之路！与顾老师"聊个天"，让我醍醐灌顶。

昝少华　南通刘巧儿餐饮董事长

创业者都有一个品牌梦，2018年我们用定位理念创立"时光站"品牌，给企业带来巨大增长和用户流量，成为抗衰老及预防疾病的医疗大健康行业的领导者，2019年营业额实现200%的增长。

覃　华　52岁，广州，大艾集团创始人，时光站品牌创始人

此书以轻松幽默的语言，为我们揭示了定位的奥秘，让我们在市场竞争中成为第一。如果你想要成功定位自己的品牌，这本书绝对不能错过！

陈柳滨　勐海陈升茶业有限公司

在极度竞争时代，定位定江山！学好顾均辉定位理论与实践，不仅企业做得好，家庭也会更和睦。

伦　哥　广州天成川菜创始人

定位能够帮助个人更清晰地认识自己，找到适合自己的发展方向，助力个人职业发展成功！

方　坚　50岁，镇江锅盖面

在定位的指导下我们成功占领了顾客心智，开创出城市温泉乐园新品类。正如顾老师所说“谁更懂心智，谁就更能被选择，谁就能赚到钱”，定位确实是赚钱的硬道理。

赵亦楠　49岁，北京正琨文旅董事长

如果在当下还不懂什么是品牌和定位，失败是迟早的事。但如果读懂顾老师的定位讲解，相信我，你想输都很难！在品牌发展过程中一定要懂得“把事做成一米宽、一千米深，而不要做一米深、一千米宽”。理解其精髓，你将所向披靡！

胡云深　85后，SupBro鞋盒创始人，深圳世博时尚运动有限公司

企业、品牌、人生、家庭都需要解决同样三个问题：我是谁？我要去哪里？我怎么去？定位理论给了我清晰的答案，让我不再茫然。定位就是灯塔，就是一切开始的基石。我推荐每一位朋友学习定位。

宏　泉　44岁，一名创业者，点泉创始人

在定位的世界里，选择比努力更重要，选择不对，一切白废！如果你走进定位，讲好故事，重启财富命脉，你的工作和生活都会发生翻天覆地的变化，做生意也会顺风顺水！

杨如凤　北京和信华成知识产权代理事务所

本书用通俗的语言、鲜活的案例、幽默的风格展现了定位的理念、方法，值得一读。

刘仁明　成都，南格尔公司董事长、亨特医疗创始人

受益于顾老师的定位，公司在疫情后逆势发展。定位不是花几代人的岁月成为玉，而是用一代人的时间成为他山之石。

孟德玉　34 岁，南京，创业者，孟令军炒货

与顾老师结缘 3 年，现在全家一起学定位，遇见问题或矛盾就用定位来化解，和谐又高效，就是聊个天嘛！孩子也养成了定位思维，沟通交流完全是与众不同，碾压同龄人。

贾贵林　雄正绍兴公司

读一本好书，就是与高维度的人聊天。推荐大家阅读顾老师新书《定位就是聊个天》，用聊个天的工夫提升心智认知，赢得竞争。

刘　虹　48 岁，赣州尚祐资产管理有限公司

跟顾老师学习如何“聊个天儿”，对我们管理企业、市场营销以及如何与客户打交道都有很大帮助，同时也帮助我们更好地应对生活中的沟通问题，让我们用“玫瑰”般的语言去演绎艺术人生！

张桂琴　51 岁，廊坊柏思诺家具有限公司董事长

定位真的很神奇！几次课听下来，很有感觉，但真正要落地，又有点茫然，不知道怎么做。看来专业的活还是需要专业的人来干！感谢顾老师团队给予我们的巨大帮助。

潘红军　70 后，绍兴晟联公司

好书是人生的导航仪，正确的理念指引我们人生的航道。《定位就是聊个天》能够帮助大家找到人生定位，奔赴自己的梦想！

胡　平　52 岁，合肥，创业者，巧焙乐食品

我很荣幸能走进顾老师的定位世界，让我的认知有翻天覆地的变化，更让我的思维逻辑有突破性裂变。希望大家都能够走进正宗定位，一起成长。

朱海明　38 岁，清远，海润汇贸易

自序

非常高兴能写成这本书，作为一位长期从事定位传播、推广与咨询的专业工作者，我首先是“定位”的受益者。

在加入特劳特公司之前，我已经是工作多年的外企高管，而我能放弃过往是因为我明白，是定位的理念指导和帮助我取得了过去的成绩。我坚信，定位还能帮助我创造更大的未来，也能帮助到更多的人。

定位让我赢得了老板的赏识、客户的认同、家人的支持。2012 年，我加入特劳特公司，之后我创办了自己的咨询公司，开始传播、推广定位战略，给中国企业护航。

迄今为止，我已经开班讲学 160 余期，一万多人走进了我的定位课堂，其中不乏金嗓子集团董事长江佩珍这样的知名企业家。我为数百家企业做了定位战略咨询，包括伊利金领冠、百度好看视频、利郎男装、台铃、新潮传媒、金嗓子等知名企业。

很多企业因我们的战略定位护航打赢了商战，赢得了市场地位。但我一直在想，如何才能最大限度地帮助更多的人理解定位、接受定位、用上定位。

我一直在利用互联网的各种平台推广定位，让定位走进千家万户。这些年来，越来越多的人学习定位，也有很多反映：“定位还是太专业了，还是不太理解。”

我思来想去，定位的本质其实就是让人认知你、接受你，而认知和接受就是好好说话，聊个天嘛！于是，就有了这本书的由来。

定位就是聊个天。我希望用定位的理念帮助你打通沟通的底层逻辑，了解心智、了解差异化等定位知识，这样你就能和任何人把天聊好。

把天聊好了，拉近你和他人的距离，你就能走进他人的心智。

只要能在他人心智中得到认同，拒绝就能变成接受，难事就能变成易事，挑战就能变成机会。

这本书，我写出来只用了数月，但准备工作做了 20 多年。我一直在琢磨写书的事，这期间数易其稿，一直在努力找到最好的角度去诠释和表达定位，期望让更多的人理解和接受定位，并受益于定位。

本书讲述了我 20 多年来在求职、求事业、求家庭的过程中，如何学定位、想定位、用定位，我毫无保留地分享了我的定位实践、定位心得和定位成果。

定位，不只是知识，更是帮你打开新世界的钥匙。走进定位，你就能体会：

嘴是我们一生的风水，好好说话是抢占心智的利器。

让对方嗨是聊天的最高境界，笑脸是畅行天下的名片。

掌握定位，开挂的人生，你我同行。

目录 | Contents

壹

第一篇

为什么需要定位

认知决定生死

第一章

赚钱
越来越难了

困难不是财富，
战胜困难才是财富

01
谁拿走了最大蛋糕

60 后是最富有的一代

1978 年到 2020 年，40 多年的改革开放创造了天量财富，问大家一个问题："50 后、60 后、70 后、80 后、90 后，哪个群体拿走了中国最大的财富蛋糕？"

有资料显示，截至 2020 年，中国前 100 位顶级富豪，47 位是 60 后，26 位是 70 后，15 位是 50 后，4 位是 80 后，90 后没有。

为什么最多的是 60 后而不是 50 后呢？1978 年开始改革开放，最早的 50 后当时 28 岁，正是敢闯敢冲的年龄，怎么会落后 60 后、70 后两代人呢？

有一个很重要的原因是，20 世纪 80 年代的社会观念是"铁饭碗"，人们不敢也不想冒险。50 后有相对稳定的饭碗，80 年代下海创业经商，并不被认为是一件很牛的事。对于创业，50 后的思想还相对保守。

第一批下海潮是 1992 年。有一批人从体制内走出去创业，这一批下海的人，60 后为多。

第二批下海潮是 2001 年到 2010 年。2001 年，中国加入世界贸易组织，中国人均 GDP 刚过 1000 美元。2007 年，中国超过德国，成为世界上第三大经济体。到了 2010 年，中国已经超过日本，成为世界上第二大经济体。2001 到 2010 这十年，是中国经济蓬勃发展的十年，这十年中 60 后、70 后持续不断地经商、创业，他们拿到了最大的财富蛋糕。

对于创业这件事，50 后是保守观望的一代，60 后是打在前、冲在前的一代，他们是中国最富有的一代，70 后是次富有的一代。

80 后是承上启下的一代，他们面临的挑战最大，也是最抗压的一代。80 后出生的时候，生活条件和 60 后、70 后没有太大差别，小时候吃的苦一点都不少。80 后高考是千军万马过独木桥，大学毕业或进入职场或创业，进入白热化竞争时代。

1998 年中国开始全面房改，房价进入快速上涨通道，80 后结婚迎面撞上高房价。80 后养儿育女，各种教育培训班密集爆发，内卷严重。当下又碰上经济触底爬升，企业裁员 35 岁以上首当其冲，又是 80 后。

对 80 后有个形象的称呼，叫打不死的“小强”。

从 90 后开始，真正的富二代出现了，但 90 后面临三个挑战：

第一，原生家庭的挑战。

90 后出现了人群分化。中国最富裕的两代人 60 后、70 后，他们的人财物资源传承到了 90 后。90 后家里有矿和没矿，决定他们的人生就是两个不同的起点。

第二，职场的挑战。

今天各大公司的中高管大多是80后，他们占据了90后职场的上升通道。90后能承担中高层职位的企业，一般都是互联网、新媒体企业。在大量的传统行业中，80后是职场主力。

第三，养老的挑战。

随着老龄化程度的提升、出生率的降低，90后面临单纯靠退休金难以养老的挑战。

这就是今天国内竞争的人群状况，小结一下就是：

50后及更年长的奋斗者逐步淡出人们的视线，60后仅占个位数百分比，70后大约占20%，80后是主打，90后在后面紧追。

今天创业，靠什么赢

50后、60后、70后创业，可以说是从一根油条开始的。

当时的人们只要能吃上一根油条，心里美滋滋地就直接上手抓了，根本不会像现在有人嫌弃油炸、油多。那个年代的人，勤劳就能致富，一根油条、一个包子、一碗面，只要你能端上桌，就可以被消费者买单。

当时不仅是正品，次品也可以卖掉。1985年，海尔的张瑞敏怒砸冰箱，砸个次品轰动中国，就是因为次品也可以卖啊！我现在都记得我家里买的锅子，上面明显有个划痕，母亲说这不影响使用。在那个年代，只要你能生产出来东西，就可以卖。

80 后、90 后创业的时候，我们的早餐已经非常丰富了，你想吃啥都有，有各种小吃店。所以不同于上一代人的创业从一根油条开始，80 后、90 后的创业，是从满汉全席开始的，你再做什么东西都很难吸引人。

今天创业的挑战越来越大，赚钱也越来越难。跟你做同样的点心、包子、面条的人实在太多了。也就是说，消费者的选择太多了，所以你的东西越来越难卖了。

“一根油条”是饥饿经济，“满汉全席”是饱和经济。

50 后、60 后、70 后创业的时代，我们可以称之为产品时代。他们创造了一个奇迹“中国制造”，也为中国挣得了一个美名“Made in China”，他们的创业把中国产品推向了世界。改革开放，他们是第一批贡献者，在全世界打响了中国产品和中国制造。

他们是在一个看得见的市场中创业：只要在工厂中生产出来，然后铺向渠道就可以卖出去。他们同时完成了财富的原始积累。他们的第一桶金是靠在工厂和市场打拼出来的，所以植根于他们脑中的经营理念是“爱拼才会赢，天道酬勤”。

50 后、60 后、70 后靠产品，在工厂和市场拼，赢得了财富。

那么问题来了：80 后、90 后、00 后靠什么，在哪里拼才能超越 50 后、60 后、70 后？

如果你回答不了这个问题，你今天创业就会很难。

今天的战场在心智

在回答这个问题之前，我们先做个小游戏：写出你能记住的瓶装水品牌，看看能写几个。

根据我在定位课堂上的测验，能写出 7 个以上的人，少到可以忽略，5 个以上的不超过 10%，一大半的人只能写出 3 个或以下。

瓶装水，作为一个高频消费的产品，你都写不出几个，如果是低频品类，你能写出的就会更少。

看看你写下的瓶装水品牌，第一个是你最有可能买的，第二个是你次有可能买的，第三个以后你可能就不会买了。

这个游戏回答了问题**“今天创业靠什么、在哪里拼？”，答案是靠品牌在心智拼。**

心智，是定位的核心概念，只是翻译得有点学术，你可以把心智理解为大脑。

50 后、60 后、70 后靠产品在市场拼质量，80 后、90 后、00 后靠品牌在心智拼什么？

在我 10 多年的定位教学和实践中，我问过无数企业家，有的人说拼体力，有的人说拼创意，有的人说拼流量，有的人说拼年纪，回答五花八门，就是不在点上。

那到底拼什么呢？

先说结论吧，拼认知。

大家想一下刚刚的小游戏，农夫山泉是被写下最多的品牌，也是中国卖得最多的瓶装水，被记住的是“有点甜”。

来来来，请举手，谁喝得出来甜？

它真的甜吗？不重要。你觉得甜，很重要。

在今天这样一个饱和经济时代，产品很难分优劣，但认知可以分高低，而且认知很有规律：**第一个被消费者记住的，就是卖得最好的；第二个被消费者记住的，就是卖得第二好的。**

同类的产品，谁在消费者心智中创建了认知，谁就有市场。

以水为例。有一个品牌叫娃哈哈，卖过滤水，卖得挺好。

又有一个品牌，将水过滤 27 次，叫乐百氏，也卖得挺好。

还有一个品牌，卖蒸馏水，叫屈臣氏，也卖得可以。

可是消费者能喝出它们之间的区别吗？很难！

这时候，康师傅卖起了矿物质水。这个水的概念挺好，就是名字让人总觉得有一股方便面的味道。

现在农夫山泉上场了，它说“我们不生产水，我们只是大自然的搬运工”，并在消费者的心智中创建了一个认知：农夫山泉有点甜。

农夫山泉真甜吗？你说了算。“甜”走进消费者心智了，农夫山泉一下子就成为瓶装水的老大，卖得是真火。

百岁山发现了商机，它说我也是天然水，是天然矿泉水，所以要贵一点。百岁山诉求“水中贵族”。农夫卖 2 元，它就卖 3 元。

这两个天然水，你喝得出来谁是谁吗？

故事到这里还没结束。今麦郎董事长范现国，听完我的三天课，他说“他们卖的都是生水，我卖熟水，北方叫凉白开”。范现国董事长回去说干就干，于是就有了今天的今麦郎凉白开。卖得不错，点赞！

水太多了。有谁真的能喝出来哪个是熟水，哪个是生水？哪个是过滤水、蒸馏水、天然水、矿泉水……？

产品是喝不出来的，消费者唯一喝得出来的是价格。

产品层面的差异化千难万难，心智层面的差异化千变万化。

现在可以下结论了：**50 后、60 后、70 后靠产品在市场拼质量，80 后、90 后、00 后靠品牌在心智拼认知。**

认知决定生死。

香飘飘以弱胜强

战场在心智，品牌在心智拼认知，听起来很神奇，不太好理解。

讲一个定位的实操案例，诠释一下什么叫“心智之战”，这就是广为人知的香飘飘绕地球几圈的故事。

故事要从 2004 年讲起，浙江湖州蒋先生开创了杯装奶茶。一次外出，蒋先生看到马路上有很多人排队买珍珠奶茶。他想：是不是能做一个杯，拿水一泡，就可以随时喝不用排队了？于是他找到浙江一所大学开始研发，不到六个月杯子就做出来了。蒋先生是浪漫的，他取了个好名字——香飘飘。

随后他在无锡某高校做了一个测试。大学生下课前，他找一个地方摆上了很多杯装奶茶，学生一出来他就全部冲上，瞬间香气四溢。你想想看，在一个秋冬的季节，突然在冷风中闻到了甜甜的香味，手心里捧上一杯暖暖的奶茶……香飘飘一出场就获得了大学生和市场的肯定，产品卖得很火。

2005 年，香飘飘参加了四川糖酒会，一亮相就引起热烈反响，马上有 50 多家工厂跟进这个市场，其中有三大厂：第一个是优优优，它的背后是喜喜喜集团，有几十亿的销售额，不仅有果冻，还有海苔；第二个是立顿；第三个是香约，浙江当地的大品牌。

优优优对香飘飘造成了很大的压力，它投入了重兵，并放出豪言，两年之内五重封杀拿下香飘飘。

第一重，明星封杀。香飘飘当年请的是陈好，优优优请的是顶流名星，能量高下立判。

第二重，投入封杀。以广告费为例，优优优三倍以上的投入，香飘飘如果投 100，优优优就投 300。

第三重，媒体封杀。当年香飘飘在浙江某视做广告，优优优跟浙江某视说，“香飘飘投多少，我就投它三倍的广告量，剩下的你懂的”。

第四重，渠道封杀。喜喜喜集团旗下果冻和海苔几十亿的销售额是在无数的渠道中铺出来了。喜喜喜对渠道放了话，如果铺设优优优就会给渠道更多的支持。

第五重，销售封杀。优优优的销售人员数倍于香飘飘，企业有实力，股东也有实力。

五重封杀下，短短两三年，优优优的销售额迅速逼近香飘飘，双方打得不可开交。如果 2008 年香飘飘的销售额被优优优超越，从此江湖将再无香飘飘。

市场上残酷的奶茶白刃战，打得蒋先生开始另谋布局。他投了 3000 多万，引进了一条方便年糕生产线，这是一个新赛道，蒋先生的确善于创新；他又投了 1200 万，建了一条果汁生产线；他还开了两个奶茶店，并在当地做房地产。看出来了吧，蒋先生是有想法的。

蒋先生是睿智的，2008 年香飘飘启动了定位战略。他果断放弃方便年糕和果汁生产线，不再做奶茶店，集中所有的人财物，在定位的护航下，打了一场漂亮的心智之战。蒋先生选择相信定位，这才有了我们今天看到的香飘飘。

这场商战，从市场上看，香飘飘难有翻身的可能。因为优优优的实力太强了，产品很难分出高低，而且优优优的渠道铺设更广，明星更大牌，香飘飘似乎处处不利，是个弱者。

可是大家知道吗？换个战场，在心智战场，香飘飘却是一个强者。香飘飘是杯装奶茶的开创者，它有多年的广告投入，在消费者的心智中，香飘飘是先入为主。加上香飘飘的销量在市场上依然是领先的，顾客也是能够感知到的。所以定位告诉香飘飘，在心智战场上，创建一个认知，告诉消费者“香飘飘是老大”，于是这场看上去不可能获胜的商战香飘飘打赢了。

接下来的事大家就熟悉了。

2008 年，香飘飘打出了第一个定位广告：

香飘飘，一年卖出 3 亿多杯，

杯子连起来可绕地球一圈。

好味道，当然更受欢迎。

香飘飘，连续 5 年全国销量领先。

2009 年，香飘飘继续绕圈：

香飘飘，一年卖出 7 亿多杯，

杯子连起来可绕地球两圈。

好味道，当然更受欢迎。

香飘飘，连续 6 年全国销量领先。

2010 年，香飘飘绕得更多了：

香飘飘，一年卖出 10 亿多杯，

杯子连起来可绕地球三圈。

好味道，当然更受欢迎。

香飘飘，连续 7 年全国销量领先。

三圈绕下来，香飘飘和优优优的差距就拉开了。

说两个香飘飘的花絮。有一位消费者写邮件来："我计算了一下，香飘飘一年卖出3亿杯，杯子连起来绕不了地球一圈。"我们回复他："你是竖着连的吧，横着连试一下。"很快，这位可爱的消费者回复说："这下可以绕了。"

这个花絮的启示是：定位不支持造假。你越做越大之后，会有越来越多的客户关注你，关注你说的每一句话。所以定位从一开始，就要认真对待每一句话。

有一次我们走访市场，看到一位年轻妈妈带着女儿买香飘飘，我走上前说："你的奶茶我付，只问一个问题，你为什么买香飘飘呀？"年轻妈妈说："我女儿最喜欢香飘飘了，因为它更丝滑。"

这就是老大的光环。在产品层面，香飘飘和优优优哪个更丝滑，其实很难区分出来；在心智层面，定位创建了"香飘飘是老大"的认知。消费者崇尚老大，老大自带光环。消费者买香飘飘，就像大家喝茅台，因为茅台是老大。

消费者心智中的老大，就是市场上的销售冠军。

打赢竞争的是认知不是产品，香飘飘在消费者心智中卖得更火，这是香飘飘打赢商战的核心。优优优是优秀的，无论产品、团队、渠道等，打输的原因只是它没有意识到：

商战的本质不是产品战，而是认知战。

02
赚钱是硬道理

饱和经济时代的到来

整个人类社会从技术形态来分，可以划为三个阶段：原始社会、农业社会和工业社会。

原始社会历经数百万年，人类完成了从爬行到直立。

约 1 万年前，人类进入了农业社会。

1760 年前后，人类进入了工业社会。

1949 年新中国成立，我们步入了工业化。第一个阶段是 1949 年到 1978 年，这 30 年为中国打下了一个重工业家底。第二个阶段是 1978 年改革开放至今，我们开启了全面超越。

2008 年中国 GDP 超越德国，世界第三；2010 年，中国 GDP 超越日本，世界第二。2010 年，中国工业 GDP 超越美国，这是人类进入工业化后，第一次有一个国家在工业 GDP 上超越美国。

我们要感谢 50 后、60 后、70 后，当然也包括他们前面的长者，是他们创造了中国奇迹，将中国产品带向了全世界。

从“一根油条”走向“满汉全席”，是他们的功劳，同时他们也将中国带入了饱和经济时代。

定位，给你一个购买理由

定位是专为“饱和经济时代赚钱”而诞生的，这个理论一出世就得以蓬勃发展。

1969 年，杰克·特劳特在美国《工业营销》杂志上发表了一篇名为《定位：同质化时代的竞争之道》的文章，首次提出“定位”概念。

1981 年，特劳特与合著者共同推出《定位》一书，2010 年推出封笔之作《重新定位》。他一生写了 13 本书，形成了他自己的“定位理论”。

《定位》理论首次提出在饱和经济时代下，商业竞争的本质不是在看得见的战场——工厂和市场，而是在看不见的战场——心智（即大脑）。

人类历史上第一次有人在经济学这门学科中提出，战场是无形的。特劳特先生指出，**心智决定企业的生死，也决定了每个人的人生成就。**这就意味着，你的职场需要定位，你的家庭需要定位，你的人生同样需要定位。

《定位》首提“两个战场”概念，一个是看得见的市场，一个是看不见的心智。优优优产品铺向了市场，香飘飘品牌决战于心智。

如果你只懂市场这一个战场，不理解或者不知道还有一个心智战场，那么在饱和经济时代的今天，你是很难打赢竞争的。这是特劳特先生对经济学这门学科巨大的贡献！

打赢的法宝就是，你需要给潜在消费者一个买你而不买对手的理由。根本原因就是产品太多了，消费者为什么要买你的产品，你得给个理由！香飘飘的答案是“我是杯装奶茶老大”。

定位就是一个购买理由，这是定位最直白的表述。

想赚钱就得让消费者选择你

我有一段亲身经历。美国的波士顿有一个全美最大的牛仔裤城，里面可能存放了十万条以上的牛仔裤。

我进去的第一感觉就是“大脑一片空白”。这怎么选呢？当有十万条牛仔裤摆在你面前的时候，你顿时就会感到窒息、抓狂。我发现不管我怎么选，我都不会满意，因为一定有一条更适合我的牛仔裤没有被我看见。

我的大脑迅速做出决策，告诉我：“不要选了，直接找到你熟悉的那两三个品牌。”然后，我确定相应的尺码，试了两三件，放入购物车，结账走人。

你会发现产品越多，选择越困难。慢慢地，过多的产品就会倒逼心智发生变化，于是新的心智选择模型就诞生了。人们要么就是选择低价，要么就是选择自己认定或者熟悉的品牌，然后对其他牌子视而不见。

有一次，我在国内走市场，有件事情让我印象特别深刻。当时我在山东临沂做一个方便面的市场调查，这是山东省地级市人口最多的城市，有大约 1100 万人口。

我到一个集贸市场去考察当地的快消品市场。在市场调研的过程中，我想买瓶水喝，就去了集贸市场的水吧——专门卖快消品的地方。

我看到了农夫山泉，很自然地用手指着它，刚要说“来一瓶”的时候，突然闯进来一个小伙子，急匆匆地对售货员说“给我来一桶康师傅”，他要买方便面。话说到这儿，其实本身并没有什么问题，可是当我的目光顺着小伙子的手投向那桶方便面的时候，我突然发现，问题来了。

小伙子要的是康师傅方便面，可是那桶方便面上赫然写着“统一”，没有“康师傅”呀！也就是说，小伙子用手指着“统一”，可是他嘴里说的却是“康师傅”，大家看出了什么吗？

这说明在小伙子的心智中，根本就没有“统一”的位置，“康师傅”占据了小伙子的心智。

那一瞬间，我悲由心生：这要是让“统一”的老大看到了，那还不得心疼死啊！产品明明铺向了市场，可是消费者的心智中却没有。

心智中没有，消费者就不会选择，这就是定位说的“心智决定生死”。

对企业来说，品牌一旦进入消费者的心智，那就等于在消费者心智中挖了一口油井，源源不断的财富就来了。

2010 年以后，企业一直处于这种悲喜交加的情感当中。喜的是，如果品牌被消费者记住，就会实现稳定的收入增长；悲的是，如果品牌没有进入消费者的心智，即便产品铺向了市场依然卖不出去。

更要进一步强调的是，即便品牌被记住，也需要一个独特的购买理由，否则还是难以持续。

其背后的直接原因就是，产品太多了。

加之互联网和智能手机的普及，信息呈现几何级数的增长。十年间，网站的数量翻了 1000 多倍。我们迅速进入了信息爆炸时代。我们既处在信息的海洋中，也处在信息的垃圾围城中。

有专业人士做过调查，在北上广深这样的一线城市，每个人每天会看到多少条广告？从你睁开眼睛、开启手机开始，你坐公交、坐地铁会看到公交广告、地铁广告和户外广告，你到办公室会看到楼宇广告，打开电脑以后会看到相关广告等等，一直到你下班回到家里躺在床上，在微信群里跟你的众爱卿告别，闭上眼睛睡觉，大家猜一猜，你一天能看到多少条广告？

近 15 年来，我不断在问这个数字。有的人说能看到几条，有的人说看到了十几条，有的人说 100 多条吧！但专业调查公司数据显示，在北上广深这样的一线城市，每天映入眼帘的有 3000 条左右的广告。因为广告众多所以我们根本记不住，也不认为看到了这么多条广告，大多数人可能只记住了几个心智中已有品牌的广告。

究其原因，在于消费者的心智过滤系统发挥了作用，心智自动屏蔽功能让你视而不见，过滤掉了你心智中没有的信息。

特劳特提出了一个特别有意思的概念：**心智只会记住大脑里已有的品牌。**一个新品牌要进入大脑太难了，那么多新品牌，心智记不住的主要原因是大脑里没有。所以，如何进入大脑就变成了特别有挑战的事儿，从 0 到 1 太难了。

当然，还有一个动作也很好地说明了信息泛滥，那就是拉黑。你会拒绝再收到某类信息，也就是你会拉黑别人，同样你也会被别人拉黑。这一切都是因为智能手机的普及。

定位就是要讲怎么在不被拉黑的前提下进入消费者的心智，被广大潜在消费者记住。

当下，消费者的选择太多了，消费者掌握了选择的主动权，这与 20 世纪七八十年代相比，形成了 180 度的大逆转，企业几乎都处于被选择当中。饱和经济就这样在中国以迅雷不及掩耳之势，短短三四十年时间冲到了我们面前。产品过剩、信息爆炸是饱和经济最明显的两个特征，身处今天的创业家、企业家，我们该怎么存在呢？

世界在变，商业社会已经从饥饿经济时代走向了饱和经济时代，从“一根油条”走向了“满汉全席”。我们要深刻理解饱和经济时代带来的巨变：

第一，产品不再稀缺，而是产品过剩。质量不再是企业的核心竞争力，而是基本要求。

第二，信息不再匮乏，而是信息爆炸。人们开始排斥信息，充耳不闻是常态。

第三，产品的选择权已经由企业转向了消费者。不是企业生产什么就能卖掉什么，而是消费者选择什么才能卖掉什么。

在这种巨变的商业环境下，如果你还不变，你还在用20世纪八九十年代的商业思维，那么你最大的体会应该就是赚钱越来越难，利润率越来越低。慢慢地，你就变成了那只“温水里的青蛙”，逐渐被淘汰出局。

今天最大的危险不是挣不着钱，而是你没有意识到需要改变。领导者首先要面对的就是：“世界在变，我该如何去布局？”

第二章

理念不对，方法全废

财富是一个人
认知的变现

企业经营的环境发生了巨大变化，企业所面临的挑战也随之而改变，那么一个新的问题来了，在今天这个极度竞争的饱和社会，我们该怎样存在？

按照定位的基本法则，你首先要有一个正确的理念。

原因很简单，理念不对所有的方法都不会有效，甚至方法越多越“反动”，因为可能会适得其反。

举个例子。我们经常会说生命在于运动，可是也有人说生命在于不动，那么生命到底是动还是不动？这就是一个理念问题。

如果你认为生命在于运动，那么显而易见，你就会有很多种方法来实现你的理念，比如你可以去跑步，甚至跑马拉松，比如你可以去游泳、去健身房、去撸铁，等等。

理念是能催生方法的。因为今天的商业环境，中国大多数企业卷得很厉害，每个人都在找答案。中国人又特别勤奋，中国企业家也特别好学，所以你会看到各大高校、各大商业机构或者各大培训机构，都在教大家所谓能带来企业高速成长的方法论，加上现在互联网发达，各大线上机构也有很多人在做知识分享、方法分享。

可是这里有一个巨大的问题，就是方法本身是无穷无尽的，我们不知道有多少方法在前面等着我们，所以你得先有一个正确的理念。

理念不对的话，学的方法越多越麻烦。这也是我们经常开玩笑讲的一句话，就是“如果你不读书，你会被人骗；可是你读了太多书，你就会被书骗”。也就是说，**你首先要确定你自己有一个正确的理念，即走在一条正确的路上。**

我太太的理念就是生命在于不动，她也是坚定的执行者。

她理直气壮地认为，乌龟一动不动活了千年，而人类天天蹦跶、天天动活不过百年。看剧、静坐就是她的经常态。

我太太吃完饭的第一件事情就是躺平，她最舒服的生活状态就是躺在沙发上，两脚一跷，此刻她就觉得人生圆满。

其实商业也是一样。

我提几个问题给大家，听听你的理念是什么。

比如，有些企业家认为好产品自己会说话，质量决定选择。有人却认为做好产品、保证质量只是基本要求，仅凭质量无法打赢竞争。

这是一个理念的问题，也是企业家的商业底层逻辑，它决定企业的生存、发展和未来。

比如，有的企业家认为产品一定要丰富，要有更多的产品来满足不同消费者需求。可是也有企业家认为大单品战略是可以成功的，一个大单品可以做出上亿、上十亿甚至上百亿的销售额。

你赞同哪一个？

你有没有发现，当你具备不同的理念时，你的企业运营动作是完全不同的。那我们现在就来聊一聊这个话题，什么样的理念带来什么样的结果。

01
产品很好，卖得不好

中国 40 多年的改革开放成就了中国几代人，也就是奋斗在市场上的 40 后、50 后、60 后、70 后的企业家，甚至包括 80 后、90 后，总结一点你会发现，他们都是从饥饿经济时代走过来的。

在那个物质短缺时代接受教育、创业和成长的中国企业家，根深蒂固地形成了一种认知，就是只要我有好的产品，那么顺着这个产品我就能找到客户，也就是“好产品自己会说话”。即便今天在我们已经进入饱和经济时代，这种想法在很多企业家的认知中还是普遍存在的。他们还在顺着老的商业思维——饥饿经济时代留下的认知继续行走，自己却全然不知。

正是这种全然不知给这一代企业家，以 50 后、60 后、70 后为代表，留下了强势中不可逆转的弱势。

强是指他们积累了强大的人财物等资源，弱是指全然不知，这给了 80 后、90 后、00 后等中国新生代超越他们的机会。

某某冰泉为什么卖不好

某某冰泉就是一个典型案例。

从 2013 年某某冰泉一投放市场，定位就判定它会失败。

很早定位界就把相关的观点发表在公众媒体上。定位界有人提出来要跟某某冰泉打一亿元的赌。当然，这场赌约注定只是单方面提议，并没有得到回应，所以最后也无法兑现。

当时定位对某某冰泉有“一个确定”和“一个不确定”：

确定的是，某某冰泉肯定做不成；

不确定的是，某某冰泉什么时候退出。

某某冰泉的商业理念，是典型的“好产品自己会说话”的逻辑。

第一，它拥有最好的水源地。

某某冰泉是这样说的，“黄金水源——长白山与阿尔卑斯山、高加索山一并被誉为世界三大黄金水源；深层火山岩冷泉——经过深层火山岩长期磨砺、循环、吸附、溶滤，自然涌出，水温常年保持 7℃左右；天然弱碱性水—— pH 值接近人体内环境数值，有助维持正常的渗透压和酸碱平衡”。

第二，某某冰泉有钱，采用土豪式的打法。

引进顶级生产线，一流设备，全自动生产：采用技术领先的德国“克朗斯”和法国“西得乐”生产设备，从取水、净化、吹瓶、灌装、贴标、包装到码垛，生产各环节实现全自动生产。

质量追溯系统：独创“一瓶一码”质量追溯系统，每一瓶都有唯一的二维码，真正实现从水源到生产信息的有据可查，实现质量可追溯。

源头取水，封闭灌装：全封闭引流天然矿泉水，直接在源头引流取水灌装，避免二次污染，保证水的天然品质。

第三，某某冰泉组建了强大的运营团队。

第四，开拓了强大的分销系统，用公关广告造出了强大的声势。

某某冰泉为了拓展沿街渠道、流通渠道，甚至在夏天打出了送冰柜活动。我们都知道，夏天消费者都喜欢喝冰镇饮料，某某冰泉不惜给所有的流通渠道送冰柜，以此来拓展其销售渠道。由于出身豪门，不差钱，事事都做到极致，媒体称某某冰泉是含着“金钥匙”出生的。

我们梳理某某冰泉的商业思维就会发现，由于拥有最好的山区水源地，采购了最好的生产设备，也就有了最好的产品——某某冰泉。顺着自己的产品，某某冰泉就能找到它所要的最终用户，就是想喝优质矿泉水的人。

某某冰泉通过调研发现，中国消费者众多，有优质矿泉水需求的人数巨大。似乎万事俱备，只欠某某冰泉这个东风了。于是，某某冰泉用高价组建了强大的明星代言人队伍，六个月的时间内请了八位明星。某某冰泉借助自己东家的房地产资源打通了渠道，大手笔地投入公关和广告费，声势浩大，这股强大的“东风”就这样刮起来了。

在某某冰泉看来，想不成功都难啊！

如果放在饥饿经济时代，我相信这一定是一个特别经典的商业案例，而且我相信某某冰泉一定会获得巨大的成功。

遗憾的是，某某冰泉什么都做对了，唯一不对的就是出生时间。出生在饱和经济时代，这套打法无效。

今天，你要进入消费者心智

今天再好的产品，如果不能进入消费者心智，给消费者一个买自己而不买对手的理由，就根本无法实现热卖。因为瓶装水实在太多了，比如农夫山泉、百岁山、怡宝等。消费者为什么要买你的产品呢？

各位亲爱的读者，这种典型的以产品为导向的打法，在今天注定会遭遇失败。特别是当你所发力的行业已有大品牌，产品思维成功的可能微乎其微。以由内而外的思维，以我能行的精神，来做商业运营，注定不会成功，某某冰泉就是如此。

恰恰相反，在饱和经济时代，我们需要先做出这样的假设，就是顾客不会买我们的产品，而是去买竞争对手的产品。特别是那些已经占据消费者心智的竞争对手，它们的产品才是顾客的首选。

显而易见，某某冰泉失败的最重要原因是它的商业理念不对。

某某冰泉的理念是产品好所以卖得好，而**定位的理念是消费者认为你好才能卖得好。打赢商战不是靠产品，而是靠消费者对你的认知。认知大于产品，认知大于事实。**产品只是基本要求，不能决定胜负。

打赢竞争、赢得消费者的选择，要靠建立一个有利于你的认知。在哪儿建立？在消费者心智大脑中。

如果你能先确定“顾客可能不会购买你的产品，却会转身去购买竞争对手产品”的理念，那么这就意味着你必须以外部竞争为导向，研究你的竞争对手，你需要好好静下心来看一看，在瓶装水的世界里到底是谁挡着你发财了。你会发现，中国的瓶装水品牌何止成百，可能上千，那么消费者为什么要买你的产品呢？你真的必须给消费者一个买你的理由，这个理由不能是产品好。

另外，“某某冰泉”是一个延伸品牌，因为在消费者的认知中，东家应该不是瓶装水，而是房地产。消费者一看到东家，他不会想到冰泉，他首先想到的是房地产，当他喝这瓶水的时候，他可能会想到钢筋水泥。

某某冰泉一出生，它就错了。首先名字就错了，它应该跳开东家，取一个跟瓶装水、矿泉水有关联的好名字。

给产品取名

这里就涉及一个话题：怎么取一个好名字？

定位说，**一个好名字是成功的一半。**如果创业之初，你能给你的产品取一个好名字，那么你已经走在打赢的道路上了。

通常我们认为，一个好名字的要素有三：

第一，名字要反映品类的属性。

假设你是制造汽车的，先不管你这车造得怎么样，但你这汽车叫奔驰，听上去是不是就觉得很不错？

叫宝马呢，是不是也挺好！

叫悍马呢，听上去也挺酷吧！

叫野马呢，是不是很狂飙！

我曾经在美国西部连续一周开四五千公里的长途车，高速公路上对面开过来的汽车，我数了数，每十辆轿车中就有两辆是野马，福特的野马轿跑当真是卖得不错。

因为一想到野马，你就会感觉到它的澎湃，仰天嘶叫，马力十足，很狂野。这的确是一个非常好的名字。

相反，如果汽车的名字叫熊猫，你感觉怎么样？虽然熊猫是超级可爱的国宝级动物，但你会不会觉得这汽车好像就不是开过来的，似乎是挪过来的。

如果这汽车叫乌龟呢？你会不会发现这车几乎就跑不动了，不管怎么踩油门，你总会觉得它很慢。

我第一次看见"顺丰"的时候，就认定这个企业将来一定会做得很好。做快递叫顺丰，这名字取得太有才华了。

果不其然，顺丰一直是快递行业的"牛人"。名字取得好，大概率会让你赚得盆满钵满。

第二，名字字数是 2 优于 3，3 优于 4。

名字要尽可能短。两个字好过三个字，三个字好过四个字。

我们会发现，一个品牌在三个字以内，人们还会叫全，比如叫宝马、叫奔驰，或者叫凯美瑞。但如果你的品牌是四个字以上的，那就麻烦了，顾客通常会把你的名字分割掉，因为叫起来费劲。

一个特别典型的代表就是阿里巴巴。想一想我们平时叫它“阿里巴巴”吗？大多数人可能更习惯叫它“阿里”。

第三，好名字要听上去朗朗上口，而不是看上去栩栩如生。

耳朵比眼睛离心智更近。

有心理学家做过实验，拿一篇 100 字的小文章给 20 位被试验者，其中 10 位看 1 分钟，另外 10 位找一个人读给他们听。

三个月以后，实验者去回访这两组被试验者的时候，他们发现了一个有趣的现象，那些看文章的人能记住的内容，会明显少于那些听到文章的人，实验证明：人们更容易记住听到的内容。

听上去比看起来更重要。

知道了怎么取个好名字，我们来看“某某冰泉”这个名字。

用东家的名字并不能反映饮用水的特性，只会让消费者想起房地产和钢筋水泥，这真是一个糟糕的选择。消费者的认知是很难改变的。

定位常说：**能改变自己，就是“神”；想改变别人，就是“神经病”。**

千万不要尝试改变消费者的心智。恰恰相反，要顺着消费者的认知走。现在你明白了吧，纵然某某冰泉再土豪，它也很难做好这瓶水。

产品很好卖得不好的故事，天天在国内市场和全世界上演。很多土豪的人物、土豪的公司，跨界生产的各种产品，像汽车、手机等，大多数并没有取得很好的成果。

很多靠着主业赚到钱的企业家，或者在转型升级，或者在跨界生产，或者在投资的时候，把主业挣来的钱亏出去了，有的甚至全部亏光。

这给我们提了一个醒，就是我们以前赚钱，可能是赶上了大的浪潮。正是祖国40多年连续增长，造就了很多人今天的财富。是时代成就了个人，我们每个人可能并没有自我认知的那么优秀。伟大的是这个国家、这个时代。

人们似乎并没有洞悉财富创造的底层逻辑。

不然，这些转型、跨界、投资的亏损，怎么会大面积地发生呢？

02
满足需求是个坑

今天市场上确实有很多曾经靠满足需求获得成功的企业。

只是大家仔细想一想，它们是在哪一年起家的，以及它们最辉煌的时候是哪一年？

有没有发现，很多靠满足需求活下来的企业，其实都是起家于饥饿经济时代，而且它们最辉煌的时候也是在那个时代。

今天，大多数满足顾客需求的企业慢慢开始没落了。在饱和经济的今天，为什么满足顾客需求是个坑呢？主要有以下几个原因：

第一，只满足企业自己的顾客。

也就是只满足企业能接触到的、有限的顾客需求。这种频繁和容易接触，就会让很多企业误以为这些顾客的需求是社会的常态，或者是大多数人的需求，可是事实并非如此。

即便是行业的领导者，通常也很难占到整个市场的百分之二三十。在一个市场上能占到 10% 以上的市场份额，就具备老大的样子了。

每一个企业如果把选择自己产品的这些顾客群，放到全社会、全市场上去看，他们仍还是小众。以小众的偏好来推测全体的需求，进而引领企业资源的投放，这在本质上是一个由内而外的思考模式，很可能会导致企业不会获得想象中的成功。

第二，在今天饱和经济时代，产品数量爆炸式增长，信息极其泛滥。

你是能满足顾客的需求，可是你会发现市场上所有的竞争对手好像都能满足顾客的需求，也就是说你的同行几乎在做跟你一样或可替代的事情。

这是一场灾难。

顾客会货比三家。厂家是卖货的思维，产品好应该卖得好；消费者是买货的想法，卖得好所以产品好。更要命的是，饥饿经济时代的咨询理论也助推了满足需求的战略。

国外某著名咨询公司的“标杆赶超法”就是如此。锁定行业最优秀的老大，以它为标杆，全方位地学习和模仿，从而希望据此来接近或达到甚至超越老大的目的。

这种战略一度非常流行。可是弊端也是显而易见的，那就是模仿者可能永远无法超越老大，它只会跟在老大的屁股后面吃扬尘。

定位提出了一个完全不同的概念——**不是要满足需求而是要创造需求**。大家要知道，顾客仅仅是使用者，他们对于产品是没有创新责任的，他们没有责任在更大的环境下、更强的竞争中来思考产品的创新。

例如，马夫提出的需求可能永远就是能不能找到一匹更快的马，他是不可能向企业提出能不能生产一部汽车的需求。在饥饿经济时代是满足需求，可是在饱和经济时代，定位提出了创造需求。

王老吉凉茶就是一个很好的案例。早期在做王老吉客户心智调研时发现，大数据显示大部分北方人不喝凉茶。因为在心智中，北方人对于凉茶的认知就是隔夜茶，喝了会拉肚子，所以北方人对凉茶没有很强烈的购买需求。如果王老吉止步于此的话，也就不会有今天的辉煌了。

企业创新与定位不是消费者的责任，而是企业自己的责任。这也就是乔布斯经常说的“我不做传统客户需求调研”的原因。

乔布斯开玩笑说：“如果你去问消费者‘你会买一部四五千元的智能手机吗’，大多数消费者应该都会说‘不买’。”

为什么？因为在乔布斯推出苹果智能手机之前，诺基亚是那个时代的王，诺基亚才卖两三千元，这时候你突然跟走在马路上的消费者说，“我卖你一部苹果智能手机，可能要卖五千元”。你想象一下顾客听到你这句话的感知，你觉得这个调研会得出顾客想要购买的结论吗？

显而易见，顾客不会产生购买的冲动。这就是乔布斯不喜欢做饥饿经济时代下需求调研的原因。因为乔布斯相信，这很容易将企业的战略引入歧途。

以竞争为导向，在顾客的心智中找到一个差异化，这就是我们说的定位。抢占顾客的心智资源，就是要让顾客记住你的定位，记住你的差异化。

这需要管理者首先把自己清空，不是由内而外地思考消费者需要什么，而是反过来要在外部寻找更多的机会（这个机会，我们称之为空位），以此来牵引企业内部的运营。

这看似很简单，其实大为不易。这是对商业思维的颠覆，由内而外的思考模式转变成由外而内。如果你做不到这一点，你会发现你的经营越来越难。

当然，如果你能做到，未来你会非常璀璨。

03
成果在外不在内

成果在外不在内是指，在今天一个企业要取得好的经营业绩，它的发力点是在企业外部，而不是在企业内部。

解决内部问题不再有效

饥饿经济时代管理者的经营理念是“向内部挖潜力、向管理要效率”。

中国是什么时候进入饱和经济时代的？我大体上的判断是 2010 年，这一年发生了两件事情：

一是中国的 GDP 超越了日本，世界第二；

二是中国的工业 GDP 超越了美国，世界第一。

这都是非常牛的事情。

自 1894 年美国超越英国成为这个星球上 GDP 最大的国家以来，人类历史上出现过很多第二，英国、日本、德国、苏联等，但从未有一个国家的工业 GDP 超越美国，中国实现了。

2010年，我定义其为中国饱和经济时代的元年。

这也是很多人觉得20世纪八九十年代的钱好赚、2000年之后的一段时间也不错的原因。再说一遍，40后、50后、60后、70后能赚到钱首先要归功于伟大祖国几十年的高速发展，归功于这个伟大的时代，然后才是个人的努力奋斗。

当然，那些尽心尽力想把企业打造好的老板及高管自然而然地就会把时间、精力、资源等都投入到企业内部去挖掘问题和解决问题。

这是典型的饥饿经济时代的理念。

在今天这个时代，把自己做好，把产品做好，把服务做好，依然不能保证给企业带来效益。

在这么多年的定位实践和传播的过程中，我们遇到了一些企业家，他们会说："我们先把自己的内部夯实，再来找定位。"

这又提出一个问题，如果你的定位不清晰的话，你怎么夯实你的内部？比如，怎么设计你的产品呢？是按照你的喜好、感觉吗？

再问一个问题，怎么确定你是对的呢？

你说"我有经验"。如果经验有用，人人都是王。退一步说，你的经验这次对了，下一次呢？再退一步，你永远是对的，怎么保证你的下一代像你一样呢？

无数的问题会一个接一个：

应该怎么设计你的包装？

应该怎么确定你的价格？

应该先铺哪个渠道？

应该先去哪个城市？

公关应该怎么展现？

广告应该怎么表达？

……

这一切都要靠经验或感觉吗？

万一有一次不对呢？任何一次的不对，都可能导致全军覆没。

成功需要面面俱到，失败只需要一面不到。

不管是初次创业，还是二次创业，最需要的就是一根定海神针，即一门理论告诉我们企业该如何存在。

定位，就是企业的定海神针

定位，就是一个购买理由，告诉消费者为什么买“你”而不买“你的对手”。

这个问题不解决的话，企业所有内部问题解决得再好都没用，因为消费者不买单。

很多企业家走入了误区，他们不知道自己的定位是什么，也不知道顾客为什么要买他们的产品，但他们就按照自己的设想和模式去不断地挖掘自己的潜力，去不断地做很多内部提升的动作。

当企业家喜欢的产品完美推向市场的时候，你会发现一切都是错的，可能顾客喜欢大的包装，他们偏偏做得很小；顾客喜欢单一的产品，他们偏偏做得很多；顾客可能只喜欢适度的 80 分的服务，可是他们偏偏要做到 120 分。

这是一个糟糕的战略——“我只提供我想提供的，但市场要什么，我不管。”

我们还是用某某冰泉来做案例。从 2013 年到 2016 年，某某冰泉一直都在内部解决问题，不能说它不努力，也不能说它没有想过很好的方法。

它不断地解决管理问题、团队问题并更换高管。它还不断地解决广告不起作用的问题，不断地砸钱调整广告的方向，就连品牌代言人，也在短短的六个月内请了八位。另外，它还在解决渠道压货太多的问题，降价促销。最后，它一次解决了所有的问题，终于把自己卖掉了。就是在这个不断解决内部问题的过程中，某某冰泉亏损了 40 个亿，清仓出场。

这就引出一个问题：在今天企业应该怎么样才能赚到钱呢？如果解决内部问题不能赚到钱，那赚钱的机会在哪里，解决什么问题可以赚到钱呢？这是一个好问题。

答案就是**成果在外不在内**，这话听起来是特劳特风格的，比较专业学术，用大白话说就是，企业想要在今天这个饱和经济时代赚到利润，最主要的机会是竞争对手留下的。我知道这么讲，大家可能还是有点不明白，我举个例子。

比如你爱喝可乐，想投资可乐，你觉得投资会成功吗？你喜欢喝可乐，那你又特别有钱，你还有团队，既有钱又有团队，所以你就特别想做一个可乐，可是我告诉你，你真的很难干成，看看“非常可乐”就知道了。

原因就是在可乐的世界里，有两个特别大的品牌，一个是可口可乐，另一个是百事可乐。

你必须回答一个问题，就是消费者为什么要买你的可乐，而不买“两乐”？

成果在外的意思就是“你的机会你说了不算，对手说了算”。

对手在外，所以成果在外。

直白地说，作为企业家或创业者，你唯一可以决定的就是给你的品牌取个名字，其他的你都说了不算。

你再爱喝可乐也不能投资可乐，因为有“两乐”挡着。“两乐”在你就难赚钱，你的利润是“两乐”决定的，这就叫成果在外。

就像你特别喜欢吃方便面，你觉得投资方便面会成功吗？

如果你喜欢喝杯装奶茶，你是不是还想去做杯装奶茶呢？这个成功的可能性在今天也变得越来越小，因为有大牌在。

定位，帮你找准市场

最好的机会是什么？**最好的机会是找一个空白的市场，完全没有品牌占据的市场，这才是你最大的机会。**

那你说这多难找啊，再去找一个蓝海市场太难了。

不一定。比如，洗发水的世界，这是一个绝对的红海。在红海的世界里，有时候可以找到蓝海的机会。

在洗发水的世界里，就有一个空位机会，叫控油专家。

我们发现，洗发水有很多个细分品类，或者叫细分赛道被占据了。比如海飞丝说去屑，飘柔说柔顺头发，潘婷说营养头发，霸王说防脱发，夏士莲说黑发，沙宣说专业护发，等等。

可是你会发现，没有一个洗发水说自己控油。我们仔细观察这个市场，发现有一大批消费者，他们的头发非常油。我自己就是一个头发很油的人，几乎每天都要洗头，两天不洗，头发就锃亮了。

这就是我们讲的空位，在洗发水的世界里，似乎还没有一个品牌在消费者心智中占据了控油这个概念。

现在你只需要做一件事，就是冲上去抢下它。这里我想到了一个品牌叫清扬，来自联合利华。

清扬说“去屑不伤发”，其实这并不是一个好的战略，因为“去屑”这个概念已经被海飞丝占据了。清扬加了一个“不伤发”概念，似乎想告诉消费者它做得更好。

可是你知道吗？“更好”没用，“不同”才是解决问题的关键。

其实，清扬完全没有必要说它更好，它应该讲一个完全不同的故事，它可以说清扬专注控油多少年，也就是多年来只做控油洗发水。

然后，它要给自己设计一个信任状，这个信任状可以用很多种方法去找，比如它的洗发水里有一种原料是特别去油的，它还可以从第三方找到一个信任状来支持它的控油成立，等等。

如果用这个战略去打，我相信清扬很快就能够占据控油的山头。

特劳特说，如果你去抢占一个别人已经占据的山头，比如海飞丝去屑，那就相当于你需要用三倍的兵力才能打赢山头上的这个品牌。

但如果你去抢占一个无人占据的山头，比如这个控油山头，那你只需要一个班冲上去就可以了。

有人要问了，那是不是我就只能做控油的客户呢?

事实并非如此。你会发现，今天你买海飞丝洗发水并不是因为它去屑，而是因为它是个大品牌了。

就像今天我们好多人喝王老吉，并不是因为上火了，而是因为王老吉已经是个热销的饮料了。

请记住：**你需要锁定一批源点人群，突破他们后你就有光环了，光环会为你带来更多的顾客。**

这就是我们讲的成果在外。

你能做什么不取决于你，取决于对手留给你的机会到底在哪里。

在今天这个信息爆炸、产品过剩的数字化大时代，我们想取得企业的基业长青，或者想取得创业的成功，一定不能仅仅在内部发力，我们需要在外部寻找可能的空位，寻找对手留给我们的空位。

占据这个空位，我们企业就能长期存在并持续增长。

04
金点子不再有效

很多企业家问我一个问题："定位是不是就是一句话呀？比如'怕上火，喝王老吉''嗓子不舒服，来颗金嗓子'，只要把这句话找到了，企业就会获得成功。"

我说："不不不，完全不是这么回事。"

曾经有人说一个金点子能救活一个企业。今天你会发现，金点子越来越难有效了。

当下，能有效发挥作用的是定位。**定位以差异化为核心，构建环环相扣的运营配称，形成强大的客户认知体系。**讲个案例，大家就理解了。

"宣酒，小窖酿造更绵柔"。

这是宣酒的定位，宣酒以此为核心做好企业运营配称，调动企业所有资源打了一场认知战。

在定位之后的几年，宣酒取得了长足的进步，销售额也迅速从几个亿突破到十个亿、二十个亿乃至更多，跻身安徽一线白酒品牌。

宣酒走进定位后，主要做了以下调整：

第一就是对宣酒的产品做了取舍。

宣酒有 5 年的、6 年的、10 年的、15 年多款年份酒，定位护航以后，只留下宣酒这一瓶酒。

你可能会觉得很奇怪，因为很多酒厂都是做出了好多款产品。正是因为大多数厂家都在做多，宣酒就偏偏要做少。

第二就是之前宣酒有光瓶酒，也有高端酒，最贵的宣酒要卖 1888 元一瓶。如何做取舍？答案是宣酒在宣城什么酒都卖，但是出了宣城只卖一款酒。

为什么在外只有一款？大单品战略。

为什么在宣城有多款？迷惑竞争对手。

宣酒成功以后，引来了安徽甚至外省同行的参观学习，有一个问题是：“宣酒只做一款酒吗？”

回答是：“不是的，你到宣城看看，我们有很多款酒。”

第三就是宣酒的瓶型。宣酒最终确定只用一个瓶型。

瓶型越多，消费者越不容易记住。大家想一想，王老吉——是不是记住了红罐，红牛——是不是记住了黄罐，可口可乐——是不是记住了小弧形瓶。

一个瓶型就代表一个品相。

只有一个品相，才更容易打入消费者的心智。

这句话很高级，不懂的，来课堂找我。

扫描回复“品相”
与顾均辉交流定位

第四就是之前宣酒叫“宣酒特供”，定位护航之后去掉了“特供”，只剩“宣酒”。

在饱和经济时代的今天，大单品战略是成立的。

王老吉一个罐就可以卖过百亿，茅台一个瓶就可以卖过千亿，这就是很好的佐证。

接下来，宣酒如何走出宣城呢？

全城招商，把红旗插遍全国，是很多企业家的决策。遗憾的是，这不是一个好的战略。

恰恰相反，应该尽可能调动所有的资源，扑向一个市场，把所有的资源在一个市场打穿、打透。

记住：**在一个市场上投放资源，宁可过量，千万不要投不足。不足就好像水烧到了八九十度，它永远不开。**

以宣酒为例，就是一个城市一个城市去拿。每到一个城市，就集中所有的兵力把这个城市彻底击穿。宣酒有超强的组织能力、执行能力，结果一炮下去就红了，一下子在安徽就打开了市场。

宣酒这个案例很好地诠释了定位不只是一句话、一个口号。**定位以差异化为核心，并形成环环相扣的战略配称，以此将差异化打入消费者心智中，从而引领企业持续不断的业绩增长。**

宣酒的成功是可以复制的。

第三章

定位让你躺赚

社会财富的转移
本质上是思想的优胜劣汰

01
拼才华太难了

近年来，“卷”成为一个网络热词。卷可以小到一个公司，也可以大到一个行业甚至一个国家。当下卷之惨烈，已经严重到彼此都很难承受的地步。

我看过一篇报道，说有一家世界 500 强的外企，它招聘一个产品经理，面试了 10 个应届毕业生。他们都是硕士，其中 5 个是海归（3 个毕业于美国常青藤院校，2 个毕业于英国名校），其他 5 个毕业于国内 985、211 重点大学，有的人还有一线大厂的实习经历。但是，只能选出 3 个推荐给总监进行下一轮复试。

从才华上来说，这些毕业生都很优秀，很难取舍。后来面试者干脆就靠眼缘来选人，看谁顺眼谁就留下。这里顺便说一句，一家人力资源管理公司做的一个调研显示：男的长得帅、女的长得漂亮，在面试环节或在初入职场环节，通常会给自己带来 15% 左右的加分，录取率会提高 15%，薪水会上浮 15%，受老板喜欢的程度会上浮 15%，还有发生姻缘的概率也会大 15%。

什么意思呢？颜值就是生产力，我们得认可这一点。这也解释了为什么医美现在这么火，先天颜值不够后天补。

我看过很多优秀的大学毕业生，真的很勤奋，事事都认真，在竞争中总想靠才华把别人打下去。结果面试最后留下来的人，居然是因为颜值。这似乎很无语，但也带给我们思考和启迪。

有人说这种“卷”不仅是对就业者的残酷，也是对社会资源的巨大浪费，然而定位并不这么看。颜值也是才华呀！很多人说长得帅是父母给的，当然先天的颜值是父母给的，可长得帅只是颜值的构成要素之一，灿烂的笑脸、温暖的语言等都是构成颜值的要素。

才华应该软硬兼备

如果你认为才华仅仅停留在所谓的硬实力上，比如考试永远考第一、写作文永远写得最好，那只能说你的才华观太窄了。这就像企业做产品，动不动就要做检测，看看谁的含量更高，特别是工业品，还要检测一下是否符合国标，或是超出国标多少。似乎这个世界变得很简单了，超出国标的就一定会赢，谁的产品数值最好，消费者就应该买谁的。

这就是部分人的才华观和产品观。这个世界如果是这样运转的话，那就太简单了，大家站好队比个头高矮就行了。个头最高的第一个挑工作，个头第二高的第二个挑工作，这世界是这样的吗？不是啊！

另外，在一个组织里，你是要完美地展现你自己的才华，还是完美地去实现老板的才华呢？你觉得哪个理念对呢？这又引出一个问题：为什么有些精英一生不能实现抱负？**有才华的人，如果没有正确的理念，后果只有四个字：怀才不遇。**

可是很多人没有意识到这个问题，他们喜欢表现自己的才华，喜欢不停地与同事争、与老板争，不停地告诉别人“我是对的，你是错的”。你身边有这样的人吗？

那什么才华理念会走得更远呢？答案就是才华要软硬兼备。

才华主要有两种：

一是“硬才华”，就是我考试特别厉害，我写作特别棒，我考上了名校，我还是名校里数一数二的。

二是“软才华”，就是我只要跟你聊个天儿，只要我跟你说上话，我就会让你很愉悦，让你觉得我很有才华，这一点更重要。绝大多数人缺乏的正是软才华。

我做了一项跟踪调研，自 1977 年中国恢复高考以来，截至 2022 年底全国产生了 3000 名左右省级状元，他们大学毕业后的人生之路走得怎么样呢？调查的结果让人大跌眼镜：这些当年的状元学霸毕业之后，少有人成为知名企业家或两院院士。和读书时相比，他们的社会之路没有再续辉煌。

拼才华这条路太难了，你知道为什么吗？最重要的原因就是大多数人对才华的理解是单方面的，认为拼才华就是硬碰硬。这种认知还处在冷兵器时代：“对面来将何人，本将不斩无名之辈，报名再战。”

才华是分软硬的，如果你不会好好聊天儿，不会好好说话，会阻碍你的成就。

中国今天的很多富豪都不是大学毕业，但也有大成就。才华是什么？才华是要软硬结合的，要阴阳结合、虚实结合。有软有硬才叫才华，只会硬不会软不叫才华，那叫石头。有人说拼才华太难了，原因是什么？就是只会硬碰硬。

还有一个问题，就是谁欣赏你的才华是不是比才华本身更重要？"是金子总会闪光的"，很多才华横溢的人认为自己是金子，一定会闪光。这是一个非常糟糕的理念。有些人的才华得不到认可，就会认为社会对他们不公平，开始仇视社会，极少人甚至会做出极端行为。这真是人间悲剧！

我来告诉你什么叫"是金子总会闪光的"。这句话的重点是，**你是不是金子不是你说了算，是欣赏、喜欢、提拔、给你机会的那个人说了算，是别人说了算。**别人认为你是金子，你就会闪光，而不是你自己说自己是金子。

中国人的智慧早就告诉我们"千里马常有，而伯乐不常有"，就是告诉大家，你是不是千里马先搁一边，最重要的是你得先找到伯乐，找到那个能欣赏你、读懂你，还能把你推出来的那个伯乐。这才是你人生成功的关键。

对于一个普通家庭的孩子来说，最应该具备什么才华？恭喜你，现在你知道了。普通人的顶级才华就是具备一种"见面三秒让别人喜欢上你”的能力，它甚至强于你的读书能力。

如果你具备了这种能力，你这一生所读的书都是加分项，哪怕你没读书，你这一生也会过得很不错。因为社会就是一所大学，这种能力会让你这辈子也可以用四个字来总结，就叫“贵人相助”。见面三秒就让对方喜欢上你，你这一生就开挂了。

人生四匹马

特劳特说过这样一段话：“赛马场上获胜次数最多的骑师，不一定体重最轻、头脑最好或者体能最强。最好的骑师未必能赢得比赛，而能赢得比赛的骑师通常都拥有最好的赛马。不要让你的自我意识阻碍了你，要记住：你需要的是一匹好马。”

这句话从另一个角度来说就是：你是谁不重要，重要的是你要骑上一匹快马。特劳特提到一个人一生有四匹马可骑。

第一匹，父母。大多数人一生都奋斗在去罗马的路上，可偏偏有些人一生下来就在罗马。也许有人会说这匹马我骑不上了，不是的，你还是有机会。我们中国人说“一日为师，终身为父”，还有“衣食父母”——那些给你生意做、给你成长机会的人。我们从心里感恩他们，视他们为“再生父母”。

人生处处都有“父母”这匹快马，关键是你能找到吗？

第二匹，婚姻。娶谁和嫁给谁，这是一个天大的事儿。

选对人，余生步步对；选错人，余生步步错。

特劳特对婚姻的注释是：**婚姻是最佳经济合作组织，一个男人和一个女人两个人作为股东，这一辈子在一起成立了一家无限责任公司，一起打拼，一起获利。**

利益共同体不仅是夫妻双方，也同样涵括两个人背后的家庭。有一个有实力的夫家或娘家的支持，你成功就容易多了。

这里有一个问题，什么样的女人才是好老婆？什么样的老公才是黑马，能够带给家族巨大的潜力和未来？

这个问题就见仁见智了，每个人都有自己的答案。我开了个二代班，会分享一些我个人的看法，这里不赘言。

第三匹，老板。老板特别重要，你是谁不重要，可是你跟谁太重要了，它决定你人生的才华能够绽放多少。

1997 年，马云那会儿还到处化缘呢，结果有 18 个人相信了他，今天这 18 个人，江湖人称“十八罗汉”，个个身家不菲。他们的人生实现了华丽转身。

老板可能是你这辈子能骑上的最重要的一匹马，跟对人可能是大多数普通人改变命运的绝佳好运。

问个小问题，老板能换吗？很多人认为老板能换。我这么多年和创业者、企业高管打交道发现，大多数人会看高自己，此处不留爷自有留爷处，大不了老子一走了之。

你最好认为老板不能换。这不是说你这辈子只能从一而终，只能跟定一个老板。这是说你一旦选定了老板，你一定要有“老板不能换”的理念，只有这样你才会想着全力以赴地去支持、实现老板的想法，因为老板站得高、看得远，他能看到全局。

有人说什么都听老板的，这不是媚上吗？从一而终，这不是愚忠吗？

记住，自尊心特别强的人，大多数都是弱者。你仔细观察一下身边的成功者，你会发现成就越大的人，自尊心是越弱的。很多大家其实特别平易近人，顶级的大家，最后都活成了一汪清水，专往低处流。反观那些在饭桌上大肆表扬自己，觉得自己挺牛的，生怕别人看不起的，其实才是外强内虚。

强者才会示弱，而弱者只会逞强。内心无比脆弱，嘴上无比刚强，这就是人生输家的画像。我们应该先尊重老板的决定，去实现老板的梦想，而不是实现自己的梦想，这才是最重要的一个理念。

第四四，合作伙伴。你跟谁合作决定你一生可以走多远。

巴菲特和芒格，他们的故事感动很多人。巴菲特就很会聊天，有一次一个粉丝问巴菲特：“您这辈子就没有什么遗憾吗？”巴菲特就说了一句话，瞬间打动了天下的人，简直太会聊天了。巴菲特说：“我太有遗憾了，我的遗憾就是认识芒格太晚了。”这话说出来，瞬间芒格就“爆”了，粉丝也全“爆”了。所以，好好说话，人生开挂。

我找到了人生快马

聊聊我个人的故事。

我是渣打银行（中国）有限公司（简称“渣打中国”）招的第一位内地中国籍行长。2005年，有人推荐我去渣打中国，因为他们要招一位本地人做行长。我见了很多人，前前后后有十几个，最后他们对我的态度是不能确定。

想录用我的，大概是因为我有当银行行长的经验，业绩很好，从业经历丰富，带过团队。

不想录用我的，主要是因为我在国内读的大学，缺少国际化视野，既没有海外工作经历，也没在跨国公司干过。

最后，渣打中国请人力资源负责人面试我，由他作最后决定。

我去见了这位负责人。一切都挺顺利，面试的过程很轻松，像聊天。快结束时，负责人问了最后一个问题：“Peter，到现在为止，你觉得你最大的成绩是什么？”这个问题还挺有意思，很少有人在面试时这么问我。我想了想说：“我这辈子最大的成绩就是娶了一位好太太。”

负责人一听觉得很有意思，他就让我具体说说。

我就把我太太有多么好，以及我跟她相处中感受到的美，给这位负责人分享了几分钟，他听得津津有味。我的面试很快就结束了，临走前他跟我说：“谢谢你的分享，我们下次见。”

我预感有戏。果然不到一个星期，我被录用了。两个月以后，我在上海有机会见到了这位负责人，我首先感谢他录用我，然后问他：“是什么原因让你最后决定录用我的？”

他的回答让我很有感触，他说：

“是你最后那个回答让我觉得，你是位很有潜力的管理者。

你说你这辈子最大的成绩是娶了一位好太太，你的这个认知、角度和心态，以及你跟你太太的相处之道，让我相信你是一位优秀的管理者。

你有第三方的心态，是一位很好的沟通者。你是一位有韧性、有弹性的人，不会一味地硬，也不会一味地软。加上你有丰富的银行从业经验，所以我相信你一定能为渣打做出贡献。”

听完这些话，我瞬间觉得娶对老婆太重要了，她不仅给我带来好生活，还给我带来好工作。故事到这里就结束了吗？不，刚刚开始。

后来这位负责人去了香港，我们就渐渐没有联系了，直到有一天，我突然接了一个电话，居然是这位负责人：“Peter，你还在渣打吗？我现在 NBA 负责中国区人力资源，上次我听说你太太是做人力资源的，不知你太太对 NBA 人力资源的岗位有兴趣吗？如果有兴趣的话，我可以推荐你太太担任人力资源经理，你太太愿意吗？”我当时一听，马上回应：“太愿意了，感谢您给我们这个机会。”他说：“也谢谢你向 NBA 推荐人才，来走面试流程吧。”

第二天，我太太就去面试了。面试流程特别顺利，很快 offer 就出来了。我太太在 NBA 工作了十年以上，在这期间这位负责人因为个人原因离开了 NBA。

从刚进去时的人力资源经理，我太太一直在进步，先是晋升为副总监，再升职为总监，直到任职 NBA 全球人力资源高级总监，在华尔街第五大道 NBA 集团总部工作了近两年。我太太在整个职业生涯中，这条道路走得非常顺利，自己也取得了长足的进步。

故事到这儿结束了吗？没有，还在继续。有一天，我再次接到那位负责人的电话："Peter，晚上有时间吗？一起吃个饭，聊聊天。"

当天晚上，负责人跟我说："我现在入职了一家跨国企业，负责其中国旗下公司的人力资源。"这家跨国企业来自东南亚，是一家特别大且有实力的公司。

他说："我们在国内有 30 多家分支机构，正在招本地职业经理人，帮我们打理这 30 多家机构，如果你愿意的话，可以来我们这儿走面试流程。"然后，他又问了我现在的薪资情况。

面试同样是特别顺利。令人惊喜的是，这位负责人给了我一个很棒的薪资待遇，职场收入一下子有了大幅提升。

只是因为结缘了这位负责人，我有幸在渣打中国及另一家知名外企中国子公司工作了若干年，这是我人生中重要的职场体验，带给我全球视野和管理能力的提升；我太太也有了一份好工作，而且在纽约华尔街工作了近两年，跨国公司及集团总部的工作经历赋予了她不同的人生视角。一个家庭因为一个人有了美妙的旅程。

这个故事到此为止了吗？还没有，还有下半场。

2013 年我创业了，创立了顾均辉战略定位公司，在创业的道路上，我继续得到了这位负责人的加持。他向我推荐了电动车行业的先行企业浙江绿源，我结识了倪总和胡总，并有幸陪伴了绿源一段时间，感受到了优秀的绿源团队和创始人的魅力，2023 年 10 月绿源在香港成功上市。

遇到一位欣赏你的贵人，就像骑上一匹快马，你的人生就会走得非常顺畅，这是我的深刻体会。

我们现在来回顾这四匹快马：父母、婚姻、老板及合作伙伴。我把定位的人生法则分享给大家，也跟大家聊了我的人生经历，我衷心祝愿亲爱的读者，都能找到自己人生中的那匹快马。

走进定位 20 多年，我发现有些日子没过好、事业没做顺的人，很大一部分原因是没有管理好自己的情绪，个人理念出了问题；有些身体不好的人，原因也是他们管理不好自己的情绪，容易走极端，经常生气。

怎么管理好自己的情绪？拥有好的理念特别重要，我们称之为软实力、软才华。

拼才华这条路太难了，难在哪里？难在我们要认识到这个世界不仅有硬才华，还有软才华。你学会了软硬兼施，才能人生豪迈，如果你只会拼硬才华，那么你的人生就可能怀才不遇。

02
硬财富与软财富

在饥饿经济时代，我们评价一个企业，或者是一个人拥有的财富，通常都是用硬财富来衡量。什么是硬财富？比如你有多少房子，多少车子，多少土地，多少商铺，多少现金，多少黄金，这一切都有一个特点，就是看得见、摸得着，这些都是硬财富或硬资产。

在饱和经济时代，我们再评价一个人有多少财富，就不是只用硬财富来评价了，还要用软财富。什么是软财富？比如你拥有多少公司的股权，拥有多少品牌，拥有多少上市公司，这些就是软财富或软资产。

在今天，大家会发现硬资产越来越不值钱了，而软资产变得越来越珍贵。过去在饥饿经济时代，我们拥有的房产是财富的象征。今天在饱和经济时代，我们拥有的“房产”同样是财富的象征，只不过这个房产不建立在看得见、摸得着的土地上，它建立在看不见、摸不着的心智中，它叫品牌，这才是未来真正的财富。

你可以没有一分钱的硬财富，但你同样可以天天住豪华大宅，天天吃豪华大餐，为什么？因为你拥有软财富。

有一位定位同学早期投资了茅台，同时他也是坚定的长期持有者，茅台现在的市值已经有两万多亿，这就是我们讲的品牌的价值，它是巨大的财富，而且这个财富很有可能随着未来时间的推移不断地增值。

大家应该已经感觉到，今天的硬资产已经很难增值了，土地不会再暴涨了，房产不会再暴涨了，但今天的软资产，品牌的价值很有可能会越来越高。

想象一下，2030年前后中国的GDP可能会超越美国。按照我们国家的规划，2035年我国人均GDP就会达到2.5万～3万美元，到那个时候，世界就会向东看，全世界“哈中”。到本世纪中叶，中华民族实现伟大复兴、新中国成立100周年的时候，全世界举杯共庆我们伟大祖国百年华诞，大家喝什么酒？最有可能就是喝中国的茅台，那个时候你说茅台值多少钱？

品牌有无限的未来，它会不断地增值。世界的逻辑变了，世界财富也正在从硬财富转向软财富，从硬资产转向软资产。中国社会科学院经济研究所所长黄教授说，2020年我国已经基本实现工业化，工业供应体系拥有39个大类、191个中类、525个小类，我国是世界上唯一拥有完整工业体系的国家。这就意味着未来靠房产、靠煤矿这些硬手段去追求财富的机会变得越来越少了。

未来靠什么？未来要靠在心智中创建品牌来再造财富。20世纪90年代中国开启的房改造富了一批房地产人，如果你没赶上中国的第一波房地产热潮，那么现在第二波热潮来了，你可以成为第二波房地产人，在心智中建立品牌大厦。

我们来看美国，美国在20世纪八九十年代后，不断地去工业化，大量的工业制造外流。美国今天主要依靠金融体系、高科技体系、品牌体系。美国将互联网企业、科技企业、金融企业转化为品牌，造就了美国今天还是这个世界上最富裕的国家，核心就在于它拥有全世界最强大的品牌资源。

世界品牌实验室学术委员会主席、牛津大学营销学院名誉教授史蒂文·沃格指出，2022年世界品牌500强排行榜入选国家共计33个，美国一家就上榜近200个，从品牌数量的国家分布来看，美国仍然以较大的优势占据并保持世界品牌第一的强国位置。

什么是品牌？现代营销学之父菲利普·科特勒说，品牌就是一个名字、一个称谓、一个符号或者一个设计，或者说是上述的总和，其目的就是使自己的产品或服务有别于竞争对手。

特劳特先生认为，定位就是通过在消费者心智中实现差异化，从而使产品成为品牌。定位既是品牌塑造的目的，又是品牌塑造的方法。

品牌最大的价值或许就是，当消费者想到你所在的品类，他能第一个想到你。比如说到白酒，我们第一反应可能就是茅台，这就是它的价值，它代表了这个行业。有一个最简单的方法去判断谁是某个行业的老大，谁是某个行业最值钱的品牌，这个方法就叫“品牌等于品类”，你通过两个问题就能做出判断。

以快递行业为例，当你去问消费者，快递行业你能想到哪个品牌时，大多数人说顺丰；当你问顺丰是干什么的，大多数人说是做快递的。

这就意味着顺丰等于快递，也就是说品牌等于品类。当一个品牌可以代表这个品类的时候，我们就知道它就是这个行业的老大。

又比如你问消费者，白酒哪个品牌是最牛的？我相信很多人会说是茅台。当你问消费者，你知道茅台是做什么的吗？很多人会告诉你它是最贵的白酒。这就意味着茅台绝对就是这个行业的老大。所以，一个品牌如果能等于品类，那这个品牌就无限值钱。

还有一个很简单的方法去判断一个品牌是不是老大，就是看消费者会不会把品牌这个名词当动词用。比如我说这个东西我明天“顺丰”给你，你大概能知道我是要给你寄快递。如果我跟你说帮我“百度”一下，你就知道我是让你去搜索，因为百度等于搜索。所以，当一个品牌的名词可以当动词用的时候，就意味着它无与伦比的强大，它占据了这个行业。

那么我们要拥有什么样的软资产呢？答案就是要拥有行业里的大牌，拥有各行各业各个细分品类赛道的老大，这样我们就拥有了无限的财富。

让消费者购买你的产品的前提是让他们记住它，这就是企业要做品牌的原因，也是企业能够实现销售快速增长的根源。有一个好的定位，品牌就更容易进入心智，被大家记住。**在看得见的战场，企业是在做产品，可是在看不见的战场，企业就要做品牌。怎么让你的产品、你的品牌与众不同，就是要给消费者带来一些很不同的体验和利益。**

企业要想基业长青，就需要从产品思维转向品牌思维，从新锐品牌向成熟品牌发展，这样品牌的价值就一定会高于简单地卖产品。

对于企业，软财富就是品牌，让消费者喜欢你；对于个人，软财富就是你的 IP，当然这就需要各自塑造。

以前我们做产品，那叫硬实力，现在我们做品牌，这叫软功夫。你需要保持足够柔软的身段，不骄不躁，面带微笑，语言温暖亲和，有感染力，这样你就具备了能够很好地打造品牌的实力。这也意味着，你不仅可以在饥饿经济时代拥有硬财富，来到饱和经济时代，你同样可以步步为先，拥有软财富。

03 定位让你赚麻了

商战打到今天，已经进入越来越残酷的阶段。从这么多年的教学中，我发现很多年轻的创业者，或者是打拼了一二十年的企业家，经常跟我说的一句话就是“现在赚钱真的是越来越难了”。每次听到这句话时，我的第一个反应就是，这句话说得不准确，准确的说法应该“是你现在赚钱越来越难了”。

赚钱难是因为对手太多了

我每个月都会在北上广开课，也会遇到很多国内企业家，当我这么说的时候，他们就突然意识到说：“有可能啊，是我们自己赚钱越来越难了。”从这个角度上来讲，是你赚钱越来越难了，而不是现在赚钱越来越难了。

还有的同学会这么说：“我发现身边的很多朋友、同行，现在好像都不好赚钱。”这话说得也不够准确，是你在的那个朋友圈赚钱越来越难了。我说：“你知道现在自己最重要的是做什么吗？就是换个圈子，你就会发现在另一个圈里可能有很多人赚钱并没有那么难。”

有同学又说：“那我换个圈子后，自己赚钱还越来越难怎么办？”这是个核心问题，自己赚钱越来越难，那到底现在应该怎么办呢？

其实很好办，就是要学会一个高阶的打法，你一定要深刻地领悟到你现在赚钱越来越难的原因是什么。

然后我和这位同学进行了我问他答的对话。

我说：“你觉得你现在为什么赚钱越来越难？你现在赚钱越来越难主要反映在哪几点？”

他说：“第一个就是东西不好卖了。”

我说：“第一个是东西不好卖，那第二呢？”

他说：“第二个就是价格卖不上去，总打价格战，价格越卖越低，没有毛利。”

我说：“价格卖不上去，这个我也同意，那第三呢？”

他说：“第三个就是获客太难了，不知道顾客在哪儿。”

我说：“准确地说，是不是获得新顾客越来越难了，然后老顾客的复购也不够？”

他说：“对，老顾客也不复购了，所以就会感觉到生意越来越不好做，都没有信心了，不知道怎么做下去。”

我说：“还有什么别的吗？”

他说：“还有就是自己好不容易创新了一个东西，很快就会被模仿。”

他接着说："现在把我自己都做蒙了。我们做的有些行业，比如小物件的行业，品种越备越多，备货量也越来越大，结果反而导致自己的毛利率不断下滑。"

我就继续问："那这些背后的原因是什么呢？你以前为什么赚钱不难呢？"

大家一定要思考这个问题，如果不能搞清楚背后的原因是什么，那就一定同样搞不清楚要怎样赚钱。

他说："我以前赚钱赚得不难，因为那个时候企业和国家在高速发展，整个行业也在高速发展，同时卖货的人又少，随便整个货就能卖出去，所以那个时候赚钱很容易。"

我说："现在整个行业的增长速度没有以前快了，最重要的是跟你卖同样货的人越来越多了，对不对？"

他说："没错儿，我现在就是这种情况，只要生产出来一个东西，就有几十、上百个企业跟进，跟你做一样的东西，大家最后拼啊拼，拼到最后就是拼价格，血拼价格。"

我说："你现在知道原因是什么了吧！现在赚钱难最重要的原因就是有人挡着你发财了。"

他说："是，就是有人挡着我发财了。"

这个人是谁呢？显而易见，这个人就是你的同行！

现在赚钱难的原因就是同行太多了，所以我们重点要搞定对手，而不是搞定自己。

怎么样搞定对手呢？从产品质量上搞定对手可不可以？不行！对于绝大多数行业来说，普通消费者很难分辨出产品质量哪个好哪个坏。除非是那些高精尖的产品，比如手机芯片，就是要用 7 纳米以下的，甚至用 5 纳米、3 纳米的，这个就能分出产品质量的高低。除了科技、生物制药等这些技术上可以做到遥遥领先的行业，对于大多数吃、穿、用、住、行的行业，其实是很难分出好坏的。

我们不能在产品质量上拼，那该怎么办呢？

消费者需要一个购买理由

我跟大家讲一个特别有意思的故事。武夷山盛产岩茶，现在越来越多的人喜欢喝岩茶。岩茶的确好喝，岩茶中的名茶有“牛肉”“马肉”——牛栏坑的肉桂简称“牛肉”，马头岩的肉桂简称“马肉”。有一次我去武夷山看茶，遇到一位中国岩茶大师，她是中国 18 位岩茶大师中唯一的一位女性。

她亲自泡了两杯茶给我喝，然后问道：“顾老师，你品尝一下这两杯茶，看看哪一杯茶更好喝？”

品尝完后，说实话，我根本分辨不出来哪一杯更好喝。如果你一定要让我说，那就只能按照 50% 的概率赌大小了。于是我回应大师：“请教一个问题，我就能知道哪杯茶更好喝了。”我问大师每杯茶的价格各是多少。

大师回答说:“你左手边的是一万元一斤,右手边的是一千元一斤。”

我马上说:“哦,大师,那我知道了,左手边的这杯茶更好些,你看它的汤色就不一样,茶韵也不一样,细品茶香也不同,总之左手边这杯茶要比右手边这杯茶好太多了。”

你要让我喝出哪杯茶好,我是喝不出来的,但只要你让我知道价格,再来告诉你为什么这杯茶好喝,那我太能了,我太知道为什么这杯茶好喝了。

其实,绝大多数消费者都是和我一样的,都是标准的“大白菜”。

普通消费者根本无法分辨出质量的好坏,唯一能分辨出来的就是价格。在我知道价格以后,我就能瞬间知道这杯茶为什么好、好的原因是什么。

消费者的判断依据很简单,就是贵的就是好的,要不然它为什么能卖这么贵呢!在消费者的认知中,好的就肯定是贵的,“好贵好贵”就是这么来的,这就是消费者最简单的判断依据。

现在要做的就是给你的“贵”找个理由,就是要告诉消费者,为什么你这个茶要卖一万元一斤,你必须给一个理由。有了这个理由你的“贵”才能成立。

对于茶叶,怎么给理由?这就有太多理由了,茶叶有太多的故事可以讲。

茶叶与其他农作物一样,都有类似的特点,都可以从几方面讲故事:

一是土地，如红土地、黄土地、黑土地等；

二是土地里的矿物质含量，如土地是富含硒的；

三是海拔，为什么这种茶叶或者农作物特别好，因为这里的海拔特别适合它生长；

四是日晒，这是一个特别好的概念，因为日晒充足可以造就这种茶叶与众不同；

五是雨露，因为这种茶叶在这个海拔有特别多的雨露，或者是特殊的雨露、恰如其分的雨露，雨露也是一个很好的差异化概念；

六是经纬度，从全球来看这里的经纬度特别适合种植这种茶叶，听上去是不是有点酷？

你会发现，祖国的每一寸山河都有自己的故事。大家听懂了吧，这回应该知道定位为什么会让你赚麻了吧！原因就是定位能很快地发现你的产品独特的、与众不同的地方。

按照这个思路，你不仅可以做好岩茶，还有白茶、普洱、六堡茶等茶叶，所有的农产品你都能做好。比如赣州盛产橙子，但赣州现在还没有一个橙子的大品牌。按照这个思路去讲橙子的故事，你是不是可以做出一个赣州橙子的大品牌了！

中国的农产品太多了，如河南的铁棍山药、广西的荔浦芋头等，都可以做出好的品牌。**你知道为什么赚钱越来越难吗？你不会讲故事，只会做产品，产品一多就只能卖低价，这就是你越来越难赚钱的主要原因。**

讲故事的炖小白

怎么样讲好一个故事呢？这里头就很有学问了。下面这个故事肯定会给你一些启发。

有一位南京的企业家学员，走进了定位的世界，讲了一个很好的故事。她就是王华菊女士，炖小白鱼汤面的创始人。她最初在做这碗面的时候，就动心思要做一款好吃的面，但怎么也做不好。她学习定位后，开始用定位思维来做这款面，形势就发生了 180 度的逆转，一下子就赢得了江湖地位。

王华菊来自南京，南京做面的人太多了，有各种各样的面。王华菊就干了一件特别牛的事，她做了一款与众不同的面。大多数人做鱼汤都是把鱼鳞、鱼鳃、鱼内脏去了，然后再放到锅里去熬。王华菊不是，她这个鱼汤的做法与众不同：

第一，留下鱼鳞和鱼骨，只把鱼鳃和内脏拿掉，因为鱼鳞富含卵磷脂。

第二，最牛的是，在中央厨房用超高压锅把鱼肉、鱼鳞和鱼骨熬成鱼泥。注意，不是熬碎了，是熬成了鱼泥。

第三，把鱼泥再化成鱼汤。

这种做法极大地提升了鱼汤的营养价值，因为鱼鳞富含的卵磷脂有两大好处：第一个是抗氧化，抗氧化就是抗衰老啊！人为什么会衰老，就是器官会被氧化，所谓抗氧化就是让你“锈”得慢一点儿。第二个是提升记忆力。

王华菊知道说的越多，消费者能记住的越少，两个都说，消费者不一定能记得住。那到底是说抗氧化好，还是说提升记忆力好呢？如果是你，你会怎么选呢？

最终，王华菊选择了提升记忆力。

为什么呢？也许有人会说是因为三年疫情之后，大家的记忆力出问题了，这时候推出一个提升记忆力的产品，容易得到消费者的认同。实际不是这样的。

王华菊之所以选择提升记忆力，主要是因为市面上抗氧化产品太多了，如果诉求抗氧化，那就跟这些产品打到一起去了，竞争太激烈。

在食品行业，能够有提升记忆力功能的食品并不多。当然，三年疫情下来，有些人"多阳"以后，记忆力是出现了弱化，卵磷脂的确有很好的功能。

具体怎么做呢？怎么才能让消费者相信你的鱼汤里含有卵磷脂，相信卵磷脂有助于提升记忆力呢？定位有个概念叫信任状，王华菊特别理解什么叫信任状。

她设计了两个信任状：第一是要证明鱼汤里含有卵磷脂。于是她就找了一家第三方机构去检测，检测结果显示，炖小白的鱼汤里确实含有一定比例的卵磷脂。第二是要证明卵磷脂能提升记忆力，她找到中国营养学会主办的《营养学报》2002 年 24 卷 4 期上有讲卵磷脂有助于提升记忆力，这就是权威认证。

至此，炖小白的品牌战略就基本完成了。品牌故事是这样表达的：

炖小白鱼汤面，鱼汤含有卵磷脂

卵磷脂有助提升记忆力

——《营养学报》2002 年 24 卷 4 期

创业者王华菊根据定位理论，设计了一个特别好的产品——炖小白鱼汤面，也给了消费者一个买它的理由：鱼汤含有卵磷脂。同时炖小白带给消费者的利益点表达得也很清晰：卵磷脂有助提升记忆力。

创业者王华菊根据定位理论，设计了一个特别好的产品——炖小白鱼汤面，也给了消费者一个买它的理由：鱼汤含有卵磷脂。同时炖小白带给消费者的利益点表达得也很清晰：卵磷脂有助提升记忆力。

这样的炖小白鱼汤面一下子就得到了很多消费者的认同。在南京，人们不仅去门店吃鱼汤面，更多人是直接买她的鱼汤，拿回家就是一碗含有卵磷脂的美味鱼汤，可以加面、加粉、加馄饨，加任何你喜欢的食材。

从炖小白案例中我们可以发现，它不仅产品构思与众不同，还设计了信任状，名字取得也很好。为什么叫“炖小白”呢？一是“炖”四个小时，二是用四两以下的“小”

鲫鱼，三是炖出来跟牛奶一样“白”，简称炖小白。这个名字很好记，一个好名字是成功的一半。

定位沟通让你越来越顺

给大家讲讲王华菊，她的故事很有意思。

2021 年，王华菊走进了我的定位课堂。在课堂上，定位告诉同学们，普通人要逆袭，必须具备一种基本能力，就是见面三秒让对方喜欢上你。这意味着你说话要软下来，要学会赞美。

王华菊听课后，觉得很有道理，迅速决定从自己做起。她课间就给老公打了一个电话，第一句话就是“老公，我爱你”。结果她老公一下就蒙了，幸福来得太快，不适应啊，结婚 20 年老婆从来都没说过“我爱你”，怎么突然今天来了？她老公担心地说:“老婆别急，有话慢慢说。”

王华菊以为老公会很欢喜，没想到老公完全不在线上，她心里更愧疚了，觉得自己真的很过分，20 年了都没有对老公说过“我爱你”，于是王华菊非常浓情地又补了一句“老公，我真的很爱你”。结果她老公瞬间吓傻了，觉得自己的媳妇肯定是出问题了，赶紧说:“老婆你慢慢说，不管发生什么事，我都能接受。”把天聊成这样，真是大出王华菊意外。

回到家后，王华菊声情并茂、神采飞扬地跟老公分享了定位课堂内容。没想到，她老公得出的结论是:“完了，老婆你被洗脑了，这个老师一定是搞传销的，下次我去他的课堂，你看我怎么当场把他揭穿。”

次月下一堂课王华菊的老公真来了。没想到的是，她老公听完课以后，比王华菊更“爱”我了。

以前王华菊比较硬，在家里就是一言堂，动不动会发点小脾气，现在会聊天了，整个家庭越发和睦，20 年的夫妻找回了谈恋爱的感觉。

更美的是，王华菊知道了如何跟儿子聊天，以前她的沟通方式就是说教式的，动不动就是“妈妈都是为了你好，要听妈妈的”这种自上而下的强势沟通。现在，王华菊学会了软，知道沟通就是讲对方想听的，不是讲自己想说的。结果是母子关系大好，其乐融融。

意外之喜是，儿子情绪饱满、心情愉悦，再加上王华菊又很会跟儿子的老师聊天，结果儿子的学习成绩突飞猛进，居然考到了全年级前三名，这是王华菊特别骄傲的地方，最后儿子考上了心仪的大学。

与此同时，王华菊和父亲的关系也发生了很大变化。王华菊个性直率、说干就干，有时候会和父亲发生摩擦。自从学会了定位式聊天，父女关系一下子春暖花开了。

这就是定位带给王华菊的改变，整个家庭都如沐春风，老公、儿子和父亲也都更爱王华菊了。

家庭只是第一波，故事到此远远没有结束。

第二波是王华菊的合作伙伴。王华菊是开鱼汤面的，所以她需要找店铺。有一次，她找到了一个特别满意的店铺，这个店铺的房东是一位看上去 80 多岁的老人，租金要一个月 24000 元。但通过几句简单的聊天，王华菊居然 20000 元就把它租下来了。少了 4000 元可不得了，一年将近省 50000 元呢！

王华菊是怎么做到的呢？她见到这位 80 多岁的老人后，开口第一句话就是“小哥哥好”，“小哥哥”这三个字瞬间就把老人的心融化了。王华菊只有 40 岁出头，在这位老人眼里，王华菊就是小仙女。被一个几乎差了 40 岁的小仙女叫声“小哥哥”，换作你，开心不？

学会聊天真是有财运啊！心花怒放的房东老人家高兴得合不拢嘴，双方简单几句话后，马上就签了合同。

老人家把身份证拿出来后，王华菊一看，年龄比自己爸爸还年长很多啊！王华菊最牛的地方就是明明已经知道老人家的年龄了，当她把身份证还回去的时候，又加了一句：“哎呀，真看不出来呀，您有 80 出头了，小哥哥。”你看，她还叫小哥哥。老人家这个开心啊！最后 24000 元的房租 20000 元租给了王华菊。

聊天有多重要！会聊天就在赚钱啊！定位就是教你聊好天，好好说话，人生开挂。正因为如此，王华菊深得合作伙伴的欢心。

第三波，因为学会了聊天，王华菊在社会上见到任何人，都能够迅速地管理好自己的情绪，跟谁聊天都聊得很好。

有一次，她从南京到上海，下了高铁就排队上出租，结果报出目的地虹桥商务区才知道只有两公里远。出租车司机等了两个小时，结果只接了一个两公里起步价的单，司机瞬间就爆了，吼她：“这么近打什么车，我等两个小时就等到你一个起步价。”

这要搁以前，王华菊会马上怼回去，学习定位后王华菊变了，她马上说：“对不起，对不起，给你添麻烦了，我真不知道这个地方这么近啊！我下次保证不打车了，对不起啊，您看这次就送我一下吧，小哥哥。”这么一说，司机也没脾气了。

你看，王华菊具备了一种能力，就是“见面三秒让别人喜欢上她”，真是做啥都顺风顺水。她在南京组建了一个企业家俱乐部，短短几个月就有 200 多位企业主加入，在当地颇具影响力，江湖人称华姐。

最后讲一下我是怎么喜欢上她的。

王华菊自从走进我的定位课堂以后，就迷上了定位。第一次学习后她就月月来课堂。

即便这样，其实我也并不一定能注意到她。可是王华菊很聪明的地方就是，她每次来都会让我偶遇她，或是在餐厅口，在电梯口，在楼梯口，或是在酒店门口等地。每次遇见的时候，她也不跟我多说话，只说一句“顾老师好”。三四次以后，我就开始关注王华菊了。

我发现这个人月月都来，每次都打招呼，只是说一句话“顾老师好”。她每堂课听课都很认真，而且更让人心动的就是，当有时间跟她多聊几句的时候，她每次都告诉我，她是怎么在企业实践定位的，以及定位带给她家庭美好的改变。她从来不说负面的语言，永远都是温温暖暖地说话。

如果你是我，有这样一个学生，你开心吗？王华菊就是具备“见面三秒让你喜欢上她”的人。

王华菊是迄今为止听我的课次数最多的人，她连续 14 期走进我的课堂。我每个月开一堂定位落地课，春节所在月份还不开课，这就意味着她要一年多的时间连续来我的课堂，每次都跟我见面，跟我打招呼。她总是能把话讲到人的心里去，总是讲得你很开心。

到第 14 次课的时候，我跟王华菊说："你已经听了这么多次，应该很懂定位，你需要我做什么吗？"王华菊说："顾老师，我是做鱼汤面的，我现在做得还不错，可以给我一些指导和帮助吗？"

因为这一年多的接触，我深深地被这位企业家打动了，一是她非常认同定位，二是她积极实践定位，三是她愿意改变自己。在定位的世界里，我们说愿意改变自己就是"神"。王华菊做得很好，我喜欢上了这位企业家。我说："那我投资你，一起结伴向前走。"

老特说，**你想获得一个人的喜欢，最有效的方法就两个，一是花钱，二是花时间。**

花钱的方法有很多，买单是最快的破圈方式。

王华菊显然是一个花时间的人。一个持续 14 期都来追随你、上你的课的人，一定是对你很认同的人，这很容易在一个人的心中产生涟漪、产生喜欢，时间就是金钱啊！学会花时间也是一个获得喜欢的好方法。

这是王华菊的定位实践。如果你具备了"见面三秒让别人喜欢上你"的能力，你就是下一个王华菊，或者超越王华菊。你的家庭会越来越好，事业也会越走越顺，也会有人不断投资你。

恭喜你，你已经赚麻了！

贰

第二篇

定位是什么

认知大于事实
认知强化事实
认知创造事实

第四章

定位的底层逻辑

升级你的思维模式，否则
再多的学习也只是简单重复

01
定位是外部指导内部

管理学大师德鲁克曾经说过，“企业不是利润中心，而是成本中心。成果在企业之外，取决于市场经济中的顾客。因此，企业存在的目的只有一个，就是创造顾客”。

德鲁克接着解释道，“顾客有了为某种商品或服务付款的意识，或者说是意愿，才会使得经济资源转化为财富，使得物品转化为商品。企业自己想做什么不是最重要的，特别是对企业的未来与成功而言，而且顾客购买和认定的价值并不是产品本身，而是效用。对于顾客来说，价值可以是任何事情，但唯独不是显而易见”。

德鲁克告诉了我们四个重要的观点：企业存在的目的是创造顾客，成果在企业之外，顾客自己认知的价值最重要，认知价值绝不是显而易见的。

德鲁克提出成果在企业之外，但是他终其一生，都没有回答在外部哪里。在生命的最后六个月，德鲁克还在孜孜不倦地探索：企业的成果在外，那它在哪里呢？这是德鲁克一生都没有解决的问题。

特劳特给出了答案，他明确指出成果在顾客的心智中。这就是特劳特的伟大之处。

定位是特劳特提出的一个全新概念，也是他对管理学、经济学最大的贡献。从此经济社会之商战，也由单一看得见的战场（即工厂和市场），转向看得见的战场与看不见的战场（即心智）这两个战场作战。

特劳特早期在美国通用电气广告部任总监，他从广告战看到商业战争的变化。1969 年，特劳特关注到过往的事实已经发生了根本性的变化，即二战后的美国仅仅用了二三十年，就迎来了产品过剩和信息爆炸，经济战争的事实基础已经发生了逆转，那么基于过往事实的老一代管理理论、经济理论自然就要升级了。

1776 年，有一位叫亚当·斯密的英国人，他写了一本书《国富论》，由此开启了经济学这门学科，他本人也被称为经济学之父。在这之前，人类只有经济，没有经济学科。

自亚当·斯密开始，到李嘉图、马克思、泰勒，再到凯恩斯、德鲁克等经济学或管理学大师，他们都诞生于饥饿经济时代，这上百年来经济学、管理学的研究大家，其实都是在致力于解决人类吃饱饭、穿暖衣的问题，从这个角度看，他们的经济学也可以称为饥饿经济学。

可是特劳特敏锐地观察到了变化。

1913 年，第一条工业流水线在美国福特汽车工厂诞生，福特汽车的生产效率提高了八倍以上。流水线的诞生，意味着人类机械化大生产成为可能，以美国为代表的西方国家率先迎来物质日益丰富，吃得好、穿得好的美好时光。

从亚当·斯密到德鲁克，那个物质缺乏的事实基础开始渐行渐远，尤其是二战以后，美国商业进入空前繁荣阶段，市场上的产品越来越多，信息越来越泛滥，人们发现赚钱变得越来越难了。

饥饿经济时代在美国已不复存在，美国进入饱和经济时代。

特劳特基于新的事实基础，即人类进入饱和经济时代，产品供大于求，信息极度泛滥，结合人类心智的五大基本规律（本章04节详细讲解），推出了新一代经济学理论——定位。

如果说1776年亚当·斯密的《国富论》是饥饿经济学的奠基之作，那么1981年特劳特的《定位》就可以称为饱和经济学的开山之笔。

2001年，定位理论压倒菲利普·科特勒的4P营销理论、迈克尔·波特的竞争理论，被美国营销学会评为“有史以来对美国营销影响最大的观念”，2010年特劳特推出了封笔之作《重新定位》。

特劳特一生写了13本定位系列书籍，其中核心的《定位》《商战》《与众不同》《重新定位》由我翻译，成为商业类畅销图书。

《定位》解开了如何有效寻找企业之外成果的难题，就是以竞争为导向，在消费者心智中创建差异化，建立品牌认知，从而创造顾客，引领企业基业长青，走向行业冠军。

在饱和经济时代，竞争越来越激烈和残酷了，定位就是以竞争为导向、以打赢为目的。而饥饿经济时代是以满足需求为导向，因为供给不足，大家谁也不挡着谁发财，生产出来就能卖掉，所以同行称为友商。

定位说商场如战场，同行是敌人，一开始很多人对此并不以为然。

我常常问我的定位学员，问中国企业家的一个问题是：“你觉得应该用什么词来描述现代商业的特点呢？”他们通常给出的是合作、联盟、伙伴关系、生态系统等。他们的回答其实从侧面反映了商业竞争越来越像战场，越来越激烈和残酷的事实。

我们回顾一下整个人类社会的发展就会发现，在原始社会生产效率是低下的，供给是有限的。

后来大家就开始寻找合作，再后来就有了更大的农业组织，就变成了农业组织和农业组织之间的竞争。工业革命以后，农业组织就上升到了工业组织。那么哪个竞争更激烈呢？显然是后者。

更强大的合作与更激烈的竞争其实是一个事物的两个方面。我们现在就处于产品过剩的时代，供给远远大于需求，每一种需求都会有无数人来满足。消费者只会凭借他们对供给者的认知来做选择。

因此，只有以外部竞争为导向，才能找到企业的生存之地。这也是我在本书中一直强调的概念：**你自己想做什么不重要，对手给你留下的机会即空位很重要。**

举个例子吧。今天的中国，经过40多年的改革开放，已经有很多人积累了可观的财富。有一句话经常充斥在中国企业家的耳边，就是“可以把自己的喜好或人生乐趣发展成事业”。

定位说这可能是一场灾难。

如果你喜欢喝可乐，偏偏你又很有钱，那么我想问：亲爱的，你会把自己拥有的财富投在可乐这个赛道上吗？如果你这么去做，那你的压力就来了。

20世纪90年代，中国就有这样的先例，有一款可乐叫“非常可乐”，它就投入了大量的人财物，而且在短短几年的时间内发展迅猛。

可是定位很早就下了结论：“非常可乐”很难长大。这跟它的产品没有关系，跟它的资源没有关系，跟它的团队没有关系，跟它的老板没有关系，跟消费者喜不喜欢可乐没有关系。跟什么有关系呢？跟竞争有关系。因为非常可乐没有回答清楚一个问题，就是消费者为什么要买你，而不买“两乐”（可口可乐和百事可乐）。

非常可乐的业绩快速增长是在什么地方？在三四五线市场。为什么呢？就是因为在那个年代，中国很多三四五线市场两乐还没有普及，人们并不容易买到。你想喝可乐，就近只有非常可乐。

2000年以后电商开始崛起，渠道逐渐下沉，于是痛苦来了。人们突然发现在县、乡、村到处都能买得到可口可乐和百事可乐，突然发现在线上随便下一个单，可口可乐和百事可乐也能送到家。这时候非常可乐的日子就难过了。

非常可乐在市场上找的生存之地两乐一来就很难守得住。可乐的机会即空位不在看得见的市场，而在看不见的心智。没有找到为什么要买你而不买两乐的理由，任何资金投资可乐赛道都会“亚历山大”。

定位称之为成果在外。你能做什么不是由你决定，而是由对手决定。只有找到外部存在的这个空位，再以此来引导企业内部运营，企业才有机会打赢。

02
定位的本质是让消费者买单

一直以来，企业都是将产品作为经营的出发点，不同企业之间的竞争也是看谁的产品更好，企业经营围绕产品进行配置。

在相当长的饥饿经济时代，全世界的企业都是这么实践和经营的。**定位理论指出：在饱和经济时代，企业竞争的不再是产品，而是应该围绕潜在顾客的心智，去抢占顾客的认知。企业的实力来自品牌在其潜在顾客心智中所占据的位置，而非产品本身。**

在《定位》一书中，特劳特指出：定位从产品开始，可以是一件商品、一项服务、一家公司、一个机构，甚至一个人，也许就是你自己。

心智是企业真正的战场

定位从来不是围绕产品进行的，而是围绕潜在顾客心智展开。也就是说，顾客心智是企业真正的战场。

竞争的地点不再是看得见的“工厂和市场”，而是转移到了看不见的“心智”。心智就是我们的大脑，定位就是在心智中建立一个有利于自己，而不同于竞争对手的认知。

企业用几十年时间打造品牌，终极目标就是要在消费者的心智中留下对自己品牌的认知。于是当消费者有品类需求时，他第一时间就会想到占据他心智的品牌。有了品牌认知，才会有确定的购买行为。

消费者的选择并不是在他下单付款的那一刻产生的，也许是他走进店铺，或者想打开网站的时候就已经选择好了，因为早就已经有品牌在其心智中种草了。要想成功种草，简单点说就是要占据消费者的心智阶梯。

怎样抢占消费者心智？传播。

传播是品牌进入心智的唯一方式，人的心智是海量传播的防御物，屏蔽、排斥了大部分的信息。一般而言，人的心智只接受与其之前的知识和经验相匹配与吻合的认知，所以你一定要削尖你的信息，使其能够快速地钻入消费者的心智。

第一步，输入一个简单易记的差异化概念；第二步，提炼高感知价值的表达，把它传播出去；第三步，传播重复的信息，让它时常出现在顾客心智中。

下面我们以酱香酒为例，进一步阐述在心智中如何建立认知，并且打赢竞争。

众所周知，酱香酒市场竞争激烈。在中国的几大酒类中，红酒、啤酒和保健酒的增长速度都乏力，只有白酒呈快速增长态势。

在白酒的世界里，你仔细观察就会发现，浓香、酱香、清香、米香中，只有酱香保持了双位数的增长。

在酱香酒的世界里，我们又能看到茅台一家独大。茅台成为酱香酒绝对的领导者，同时也是酱香酒市场最大的受益者。

怎么样才能够在酱香酒的市场中脱颖而出，享受到酱香酒快速增长的红利呢？你需要一个清晰的定位。

讲一个案例，品牌叫雄正，源于贵州省仁怀市茅台镇。在酱香酒的世界里，雄正有它非常独特的文化基因。可是最初这并没有被雄正集团创始人、董事长张再彬意识到。

雄正最初在市场竞争中对外传播的信息是“雄正酱香酒，香正味醇”。可站在消费者的角度，这很难被认同，香正味醇的应该是茅台。

由于传播的无效，更准确地说，由于定位的不清晰，雄正遭遇了挑战。

2016年，雄正董事长走进了我的课堂。自从学习定位以后，雄正就开始实践和运用定位，取得了很好的成果，得到了市场的认同。

显然，雄正找到了自己的定位。

雄正酱香酒建立心智认知

故事从酱香酒的起源开始。雄正酱香酒源自仡佬族，仡佬族是中国56个民族之一。仡佬族是茅台镇的原住民，茅台镇总共有8个民族，另外 7 个民族包括我们汉族都是后来迁移进去的。

仡佬族对中华民族最伟大的贡献之一就是它发明了酱香酒，司马迁的《史记》记载，公元前 135 年，仡佬族酿出第一坛酱香酒。只是当时没有蒸馏技术，所以叫枸酱。

枸酱还被献给了汉武帝，汉武帝称赞“甘美之”。从这段历史中我们发现，仡佬族在两千多年前就已经善于酿酒了。

仡佬族的“仡”是强雄的意思，“佬”是正义的意思，“雄正”由此而来。仡佬族发明了酱香酒，雄正也是仡佬族唯一传承的一瓶酒，非遗传承人就是张再彬。

仡佬族自古注重祭祀，祭祀台常年日晒雨淋长出青草，就叫茅草台，茅草台后来简称茅台。你看，茅台的名字与仡佬族都有着千丝万缕的联系。

在大量的历史和现实调研之后，我们发现仡佬族其实有一个非常优美和完整的品牌故事，我们表达如下：

公元前 135 年，仡佬族酿出第一坛酱香酒

公元 1951 年，茅台诞生，青出于蓝

雄正，酱香酒本来的味道

仡佬族非遗传承人酿造

第一句话是说仡佬族发明了酱香酒；第二句话是说茅台做大了酱香酒；第三句话是说如果有一天你想尝一尝酱香酒的原汁原味，你可以买一瓶雄正，品尝酱香酒本来的味道。雄正酱香酒最独特的地方，是它的大曲中有26味草本植物，这是它的千年秘方，正是因此雄正酱香酒喝起来特别干净。

雄正酱香酒的品牌故事是以仡佬族千年酿酒的历史为传承，让消费者感受到了它的独特之处，仡佬族也得到了茅台的高度认同。

2021年9月24日，茅台新任董事长丁雄军在与股民的第一次见面会中说要感谢“四老”：第一是老天爷，因为茅台镇这个地方天然适合酿酒；第二是老祖宗；第三是老领导；第四是老百姓。

这个排第二的老祖宗便是仡佬族。丁董事长说，我查了一下历史资料，本土最早酿这种酒的是濮人，也就是现在的仡佬族。我们感谢老祖宗，是他们不断探索、总结，给我们传下了这套传统酿造工艺。

贵州仁怀号称有3000家酒厂，能让茅台指名道姓互动的只有仡佬族，并且尊其为老祖宗。雄正是仡佬族唯一传承的酱香酒，与众不同的文化基因，使其一下子从贵州酱香酒品牌中脱颖而出。

雄正的购买理由：酱香酒本来的味道

第一次工业革命以来，全世界都向往西方，喝酒喝洋酒。可是我相信，随着中华民族的伟大复兴，越来越多的人会喜欢中国白酒，谁能代表中国白酒呢？茅台应该是当仁不让的首选。

谁有可能第二？雄正跃然而出。

仡佬族发明了酱香酒，茅台董事长尊其为酿酒老祖宗，雄正作为仡佬族唯一传承的一瓶酒，其未来无限可期。

2021 年 10 月 14 日，茅台酒节的祭文有写：

思我茅台，震古烁今；跨越千载，一脉相承。其源也远，其技也精，其香也美，其位也尊。昔濮人善酿，醇香传黔域以远；汉帝礼赞，酒史留枸酱之名。

答案在仡佬族。茅台跨越了千载，延续的是濮人的酿酒技艺，仡佬族上千年悠久的酿酒历史，是茅台走向世界的底气。

雄正，酱香酒本来的味道。

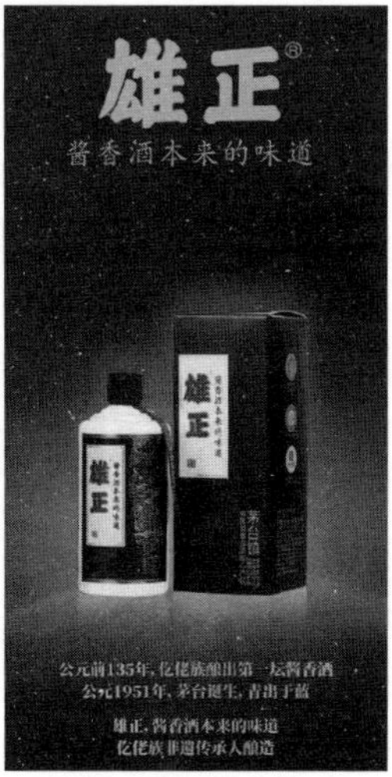

雄正，酱香酒本来的味道。这就是雄正的定位，也是雄正让全世界消费者买单的理由。

03
要么成为第一，要么干掉第一

定位的最终目标是护航企业成为行业老大，特劳特认为“成为第一”是企业取得成功的捷径。

我提个问题，大家就能感受到成为第一的重要性。请问中国第一个上太空的航天员是谁？杨利伟。

那第二个、第三个呢？有可能你就回答不出来，即便能回答出来，你也要攒劲想一想。

你会发现一个很有趣的现象，就是杨利伟先生上太空是没出舱的，而中国第二个航天员上太空时打开了舱门，走向了茫茫的太空世界。

也就是说，从技术上来看，或者从产品本身上来看，第二个航天员是更优的。可是更优的航天员你没记住。

为什么会出现这种情况呢？答案是显而易见的，就是杨利伟先生是第一个进入人们心智的。人们常常只记得住第一，对第一印象深刻，不管你谈过多少次恋爱，一恋、二恋、三恋、四恋，但是你永远忘不掉的就是你的初恋。特劳特经常说的一句话就是“成为第一胜过做得更好”。

再举一个例子。如果你在中国和美国问“哪个品牌是防蛀牙膏？”，你会得到完全不同的两个答案。

如果你在中国问，可能大多数人的答案是高露洁，可如果你跑到美国问，那美国人民给你的答案可能就是佳洁士。因为在美国，防蛀牙膏是佳洁士首先推出来的。

全球第一个推出防蛀牙膏的是佳洁士，牙医推荐防蛀牙膏的广告片也是佳洁士第一个在美国推出的。可是当这两个品牌进入中国市场的时候，却是高露洁率先在中央电视台推出“防蛀牙膏”的广告。

大家可能还记得，20 世纪 90 年代，有一个穿着白大褂看上去像医生的人，拿着两个小棒槌在两个贝壳上面敲。结果其中一个贝壳敲坏了，另一个贝壳没敲坏，敲坏的那个就是没有用高露洁的，没敲坏的那个就是用了高露洁的。这个广告让高露洁的防蛀概念迅速进入了中国市场消费者的心智。

可真相却是：在美国，高露洁是防蛀牙膏，但防蛀这个概念是佳洁士首创的。而且这个广告本身也是佳洁士在美国首先推出的，只是高露洁进入中国市场后首推这个类似广告，不同的就是佳洁士换成了高露洁，所以防蛀牙膏高露洁就这样占据了消费者的心智。后来无论佳洁士如何努力，也没有再能反转这个认知。

高露洁和佳洁士的故事告诉我们：第一个进入消费者心智的就是赢家，哪怕你本身就是一个模仿者。

成为第一胜过做得更好

在定位的世界里，我们经常说认知大于事实。这个世界没有真相，没有事实，没有客观，只有认知，只有主观。其实每个人都有机会获得成功，只要你能第一个进入消费者的心智，哪怕你本身就是一个模仿者，这就是特劳特说的"成为第一胜过做得更好"。

如果你不能在某个品类成为第一，那么你应该找到一个新品类，让自己成为第一。即使是市场份额第二，也必须在某个细分品类是领先者，这才是不被边缘化的前提。

比如百事可乐，它在饮料市场中排名老二，可是百事可乐的定位是"年轻一代的选择"。也就是说，在年轻人的可乐这个细分品类，百事可乐是领先者，它是第一，这也是百事可乐最后没有被边缘化，它能活下来并且活得有滋有味的最重要原因。

美国的可乐市场并不是一开始就只有两个品牌，这个市场经历过上百年的演变。1886 年可口可乐诞生，在之后的 30 年，有 100 多个可乐品牌诞生，其中就包括百事可乐。

百事可乐诞生于 1902 年，但是商战打到今天，我们发现在美国的可乐市场上大概只能看到可口可乐和百事可乐，其余的 100 多个品牌在这百年的可乐发展史中一直是陪跑，最终都消失了。百事可乐之所以能活下来，有一个很重要的原因就是它找到了自己的细分赛道，并且成为这个细分赛道的领先者，因此它成功地活过了百年。

1983 年，百事可乐做了一件震惊美国市场的大事，就是它启动了“年轻一代的选择”这个战略。它在广告中是这样诉说的：

“我知道可口可乐是经典的可乐，是爸爸妈妈喝的可乐。如果有一天，你不想和爸爸妈妈喝一样的可乐，来吧！我叫百事可乐，年轻一代的选择。”

“年轻一代的选择”这个战略制定以后，百事可乐做了大规模的传播，其中最重要的一项就是聘请了迈克尔·杰克逊做代言人。那一年，迈克尔·杰克逊 25 岁。

大家想象一下这些几岁、十几岁的孩子，受到天王巨星迈克尔·杰克逊影响的结果。百事可乐一下子就风靡了美国市场，销售份额一直在拉升，成为可口可乐最大的竞争对手。

百事可乐与可口可乐的这场战争终于结束了可乐长达百年的竞争史，从 1886 年到 1983 年，接近 100 年。百年商战打下来，可乐市场从当初 100 多个参与者最后只剩两家。

百年商战带给我们的启示就是：**如果你是某个品类的后发者，其实你并不需要在主赛道跟老大展开激烈的竞争，你完全可以给自己选一个细分赛道，让自己成为这个细分赛道的老大，这里的重点就是无论如何你要找到它。**

定位护航成为第一

讲完“成为第一”，下面我们聊一聊“干掉第一”。

从 2002 年定位进入中国，迄今已经有 20 多年了，在这 20 多年里发生了很多后来者居上的故事。

2009 年，在电动车的世界里，雅某第一个走进定位，并迅速以定位为指导战略，发力狂飙，走上了老大之路。

雅某推出的第一个定位广告：

现在哪个电动车卖得火啊？雅某！

雅某电动车年销量超百万，连续三年行业领先

质量可靠，当然更受欢迎

雅某电动车

当时整个电动车行业 1200 多厂家，雅某排在第五六名，说自己是行业领先，倒也不为过。

同行是怎么看雅某的广告？当时的行业老大是爱某，爱某之前的行业冠军是新某。也许同行没什么感觉吧，在同行的认知中雅某也就排五六名而已。

可是行业怎么看是一回事，消费者怎么看变成了另一回事。消费者看到雅某行业领先的广告，第一个反应可能会觉得雅某是领导者，

因为消费者对“领先”的认知就是老大。

雅某第一个在行业里打出“领先”广告，迅速得到了市场的积极反应，品牌很快进入消费者的心智并得到认同，销量开始直线上升。

2010 年，雅某持续加力，继续打出自己的定位广告，只是这次换成了行业领军品牌。“领先”成了“领军”，这下好了，在消费者心智中更加认定雅某就是老大了。

雅某的成功给了我们一个很好的启示，就是内行人的观点和消费者的看法往往是不同频的。

也许全行业都知道雅某在当时的行业地位和行业排名，可是作为一个普通消费者，他并不知道。这一点很好理解。比如随便说几个行业，你知道男装行业谁是老大吗？你知道女装行业谁是老大吗？你知道皮鞋行业谁是老大吗？你会发现很多行业，其实消费者并不知道谁是行业的冠军。

大多数消费者对于各行各业并没有清晰完整的认知，只有行业从业者才知道谁是真正的老大，这就是我们讲的信息不对称。巧用、善用这些不对称信息，可以形成有利于自己、不同于对手的认知，有利于自己打赢商战。

雅某就是善用了这一点，“领先”广告植入消费者的心智，潜在顾客对于雅某品牌的认知一下子就上升到了老大的地位，于是雅某爆发了。

到 2017 年，雅某取代爱某成为电动车行业的冠军，而且一直领先到今天，依然是这个行业的老大。

一朝领先，步步领先。走上定位之路的雅某越战越勇。到 2022 年，整个电动车行业全国出货量在 5000 万台左右，雅某一家独大将近 1500 万台，而爱某接近 1000 万台，你看老大超出 50% 了。

这就是特劳特提出的 50% 法则。成熟市场往往就是这样，一个行业长期来看，最终会形成老二的销量是老大的一半，老三的销量是老二的一半，如此循环下去。老大一旦获得领先，那它就会长期存在。从 2017 年到今天，整整八年的时间，雅某一直在这个市场居于领先地位，这就是定位的预判。

一旦你提升了认知的高度，那么未来会发生什么，可能超乎你的想象。老特讲了一句特别经典的话，他说：**“走进定位，你之前赚到的所有钱都是零花钱。”**这是定位的魅力。

走进定位，你要么成为第一，要么干掉第一。定位的终极目标就是护航企业做老大。

定位在中国实践了 20 多年，成就老大的故事一直在中华大地上轮番上演。

04
定位的基石：心智五大规律

“买”的动机是由人们的心智决定的。理解人们心智的运行规律，是更好地成就企业实现“消费者为何买”的有效途径，它也必然会成为企业决策者非常重要和必须完成的任务。

心智五大规律是定位理论的基石。在实施定位战略之前，我们必须透彻地理解这五大规律。下面我通过企业的真实案例，让这些定位的基本概念与企业的实际工作相互关联映射，从而使大家能更好地理解这五大规律的深刻内涵。

第一，心智缺乏安全感

2011 年，我在杭州开定位课。

我的一位学员是做节能灯的，他跟我说：“顾老师，我们的产品一点不比飞利浦差，但是我们的价格没有飞利浦的一半。”

他的话触动了我，我就去五金商店里看看市场情况。在节能灯产品包装的反面，我看到的飞利浦能效等级标注的是 3，而国产品牌的能效等级标注的是 2。

当我问价格时，店员却告诉我："这两个同样照明度的节能灯，飞利浦卖 18 元，国产品牌卖 12 元。"

有意思吧？我们很多企业家，特别是技术出身的企业家常常以质量为上，他们的产品质量很好，甚至有国家标准为证，可是卖的价格却更低。为什么会这样？

这就是"心智缺乏安全感"在发挥作用。缺乏安全的心智会认为"品牌"的信任度胜于"产品"，人们不相信大牌的质量会比心智中没有位置的品牌更差。

质量更高，价格就会更高，这只是事实合理的逻辑推理，而"现实"往往和"逻辑"是不一样的。因为人们的心智既是理性的又是感性的，消费决策也是在理性和感性的综合作用下做出的，所以只有事实合理不能让企业胜出。没有品牌思维而只强调质量，结果很可能是产品质量很好，但卖得不好。

心智的五大规律其实对应的是定位的五大原则，"心智缺乏安全感"对应的定位原则是什么呢？就是**心智需要建立信任状。**

我们平时就能感受到，一个新人去到一个陌生环境的时候，他是很没有安全感的。在市场上也是这样，我们在货架上看到一个新产品时，我们是无法相信它的，那品牌怎么来解决消费者不信任的问题呢？其实一个最简单的方法就是建立信任状。

在这里，我跟大家讲一个有趣的故事。

2006 年是中法文化年，中国的产品去法国参展，法国的产品来中国参展。中国服装协会给当时中国的几个服装大厂打电话，邀请它们去法国参展，最后只有劲霸男装提交了申请，然后它如愿以偿地去了法国卢浮宫参展。

参展回来后，劲霸男装很快打出了一个广告，内容简单直接：

劲霸男装，唯一入选法国巴黎卢浮宫的中国男装品牌

问题来了，为什么其他服装大厂不报名，只有劲霸男装报名了呢？

这里有个很重要的原因，就是劲霸男装是中国第一个走进定位的服装企业。在劲霸男装的认知里，它是有信任状这个概念的。

其他服装大厂因为没有接触定位，所以它们不知道心智，不知道认知，不知道需要建立信任状。当我们有更高阶的思维“定位”以后，我们再去看这次参展，就会发现它有着非同寻常的战略意义。

这就是我们讲的商业竞争。**从本质上来讲，它是一种思维的竞争，而不是产品的竞争。当你的商业思维比对手更高阶的时候，你就会发现，战争就变成了三维打二维，降维打击，我们赢得今天战争的根本就在于此。**

第二，心智容量有限

做个小游戏，看看对于某个品类，在你的心智中能保存多少个品牌。准备好了吗？我们开始。给你 30 秒，看看你能写出多少个感冒药的品牌。

我们做过很多次这样的游戏，大多数人只能写出 5 个以下品牌，只有很少人能写出 6 ~ 7 个品牌。如果数字超过了 7，那你可能就是行家了！感冒药是高频消费的产品，这个数字结果具有普遍意义和代表性。

哈佛大学心理学家乔治·米勒博士的研究指出，普通人的心智不能同时处理 7 个以上的品牌。

为了应对信息爆炸，大脑学会了将产品分类和分级。我们可以想象自己大脑中有许多产品品类的梯子，每个梯子从高到低有 7 级阶梯（心智容量有限，这已经是最高的梯子了），每个阶梯上挂着一个品牌，最上面的阶梯上挂着的品牌在消费者心中占有最高优先级。

企业都在试图进入消费者的心智阶梯，而且排得越前越好。随着品类（梯子）不断增多，人类的心智会倾向于把每个梯子缩短，因此即使品牌挂上了梯子，如果不争上游，可能也会被消费者的心智缩减掉。这也是为什么成熟市场往往最后会演化成数一数二品牌的竞争，第三名和第四名的市场份额与前两名差距很大。除了数一数二，其他都是边缘化的品牌。

中国感冒药有1000多种，想想在刚才的游戏中你根本说不出名字的感冒药品牌，它们从研发到生产、从销售到渠道、从产品包装到市场广告花了多少钱？然而大部分人根本不知道它们的存在。

这是不是很悲哀？为了避免这样的事情发生在自己身上，我们必须深刻了解这条规律，进入消费者心智并不是最终目标，爬到第一层才是，因为心智容量有限。

就在刚刚结束的三年疫情中，我们高频率地接触了两个品牌的感冒药。我发现很有趣的是，疫情结束以后，每次在定位课堂上，我请大家写感冒药品牌的时候，很少有人写出它们的名字。你知道是谁吗？

也许这就是特劳特说的占位品牌，很有名，可是不一定会被购买。

说一个美国的经典案例。通用汽车，在美国家喻户晓，可是最后它还是破产了。中国也有这样的案例，比如非常可乐，它的销量远不如“两乐”。也就是说，知名并不等于购买。

很多企业家说，“我做了广告啊，我请了代言人啊，我在中国家喻户晓啊”。家喻户晓不等于销售节节攀升，这是完全不同的两个概念。

那么“心智容量有限”对应的定位原则是什么呢？

差异化、差异化、差异化。

你一定要有差异化，这个差异化能够让消费者记住你。

讲到这里，我马上就会想到一个特别有意思的广告“脑白金”。脑白金的广告在中国可谓家喻户晓，而且它畅销了十几年，你知道为什么吗？就是因为它给你一个很独特的购买理由，它会让你的睡眠特别好。

消费者很可爱，怎么说是一回事儿，怎么做又是另外一回事儿。他一面抨击脑白金的广告，另一面却不断地去购买。

有差异化赢，无差异化死。

第三，心智很难改变

不管你用不用霸王洗发液，“霸王”由于采用了中药配方，它的独有特性“中药养发，使头发乌黑浓密”都已经进入了你的心智。

霸王集团像很多企业一样，成功后也会品牌延伸。它的逻辑推理大概是这样的：既然霸王在洗发液上成功了，同样是用草本植物，把“霸王”用在凉茶上，肯定也会成功。

霸王在巨大投入后推出了凉茶，而回报呢？霸王凉茶的营业收入显然是不及预期的。没有大卖的原因是“心智很难改变”。

霸王洗发液的成功，让人们把“霸王”与能养发、黑发的洗发液拴在一起了，并占据了心智中的一个位置。

成也是它，败也是它。大家在喝霸王凉茶时，体会不到广告中所说的“霸王凉茶，好喝有回甘”。在消费者的心智中，霸王就是洗发液，怎么会是凉茶。

写本书时，我特意再次查看了一下霸王官网，霸王集团做了取舍，放弃了凉茶，顺应了消费者认知——“霸王”等于“防脱发洗发液”，而且其他新业务再没有借用“霸王”品牌。

我们不评论该集团新品牌的定位是否正确，至少霸王吸取了以前的经验，没有再用霸王品牌做延伸。这就很值得点赞！

心智很难改变的一个重要原因是“常识”。

人们心智中存有许多常识，最佳的方式不是挑战它们，而是顺应常识。通过霸王凉茶，你理解了心智很难改变，你就能迅速知道为什么格力手机很难做成功，因为格力就是空调啊，怎么可能是手机。

最近在中华大地上掀起的一股跨界联盟风，茅台的跨界动作频繁，一会儿跨界咖啡，一会儿跨界冰激凌，一会儿跨界巧克力。茅台的不断跨界，在引发消费者兴奋的同时，也引发我们的思考：“茅台咖啡会热卖吗？”

茅台有很多品牌延伸。比如茅台红酒，茅台红酒会热卖吗？还有茅台啤酒、茅台不老酒等。茅台越强大，茅台的延伸产品压力也会越大！

在消费者心智中，一个品牌只能代表一个品类。

“品牌需要单一化，公司可以多元化”，这就是定位说的单焦点、多品牌战略，一个公司可以用多个品牌跨多个品类，一个品牌只能聚集一点。

“心智很难改变”对应的定位原则就是顺应常识。既然心智很难改变，那我们就顺应常识，得到心智的认同，这就是最好的跨界。

有一个成功案例“云南白药创可贴”。

它的广告是“云南白药创可贴，有药好得更快些”，这个定位战略非常成功，因为它的竞争对手邦迪恰恰是“没药”，它跟竞争对手明显地区隔开来。

更重要的是，在消费者的心智中，有止血作用的云南白药对伤口是正面加分项。正因如此，云南白药创可贴很快获得了成功，甚至一度超过了邦迪。这就是利用自身特性成功跨界的一个典型案例。

第四，心智厌恶混乱

只要你留心观察就能看到，很多企业正在做着让消费者心智混乱的事情，结果花了很多钱，创意却总是无效。

我们来体会两个品牌“八马茶业”和“小罐茶”。

八马茶业的早期广告对消费者是这样说的：“八马商政礼节茶，茶到、礼到、心意到；有情，有义，有八马。”

这是一款有代表性的创意型广告，讲的是八马的茶叶很不错，产品挺好的，但表达不够清晰。

广告对于消费者，就像开车时看车外的指示牌一样，一闪而过。创意的目的是创造朦胧的意境，八马茶业用这样的语言确实给消费者创造了押韵的美感，但没达到广告的目的——给消费者简单、清晰的购买理由。很多企业在广告上投入了不少费用，却没有清晰的定位，非常可惜。

我们再来看看小罐茶对消费者是怎么说的："小罐茶，真空充氮包装，一罐一泡，品尝 8 位制茶大师的原味。"

无论你是否喜欢小罐装的茶，也不管你是否属于它们的客户群，但你肯定清楚小罐茶在说什么——由特殊的包装工艺来保证你品尝制茶大师的原味，"一罐一泡"有点奢华，这肯定是高端茶，可能价格比较高。

小罐茶的营销给茶行业的确带来了一股不一样的清流，值得广大茶企思考。至于它走的礼品赛道是否可持续，这是另外一个话题。

公牛插座也是个不错的案例。

它是这样对消费者说的："电器火灾猛于虎，请用公牛插座，保护电器、保护人！"公牛与消费者的对话简单、清晰，感觉很没"创意"，更没有用诗一般的语言。但是，它十分有效！

公牛 28 年聚焦插座，2022 年的销售额达 140 亿元人民币。

其实，公牛走到今天也不是一帆风顺的。2001 年，公牛插座销售量已经攀升到整个行业市场份额的 20%，因此它想当然地认为，卖好插座的渠道也能卖好节能灯，公牛开始进军节能灯市场，但在真正做起来之后，就立即发现品牌延伸、不聚焦带来的危险，好在它及时悬崖勒马，走回了主业。

这几个案例让你体验了消费者心智喜爱简单，你要把复杂的故事简单说，把简单的故事重复说。

"心智厌恶混乱"对应的定位原则就是简单。只有足够简单，才

能进入消费者的心智。所以当你制定你的定位战略的时候，就要符合简单的原则。

什么是简单呢？我在这里给大家分享“简单三要素”。

第一，只说一个概念。

“怕上火喝王老吉”，清晰地表明王老吉是败火的饮料，可是凉茶它不仅可以败火，还会祛湿、祛暑、解毒。然而王老吉并没有说怕有湿、怕中暑、怕中毒，只说了“怕上火喝王老吉”，因为一个概念更容易进入心智。

第二，需要解释的不说。

为什么只说“怕上火喝王老吉”，而不说“怕有湿”呢？有个很重要的原因就是北方人并没有湿的概念，北方人只有干的概念。所以请各位记住，任何需要解释的不要说。

第三，对方能说的不说。

如果你说的概念对方特别是你的行业老大也能说，偏偏你还是老二或者以下的品牌，那么你就千万不要说，不要说一个行业中共有的概念，因为你说了以后，如果老大迅速反应跟进，那么老大在说这个概念的时候，很多消费者就会只认老大。

你本来是原创，最后就沦为跟风了，如果你的成功是基于老大会不会迅速反应，这对于制定战略来说风险就太大了。

第五，心智易丧失焦点

因为消费者的心智容易失去焦点，品牌就应该专注而聚焦。

格兰仕就是这方面的典型案例。格兰仕创建于 1978 年，20 世纪 90 年代初涉足微波炉行业，从给国外品牌做代工（OEM）转为做自己品牌的微波炉。它非常专注，十年磨一剑，随着能力和实力不断壮大，1999 年，产销突破 600 万台，跃升为全球最大的专业化微波炉制造商。2001 年，格兰仕开始做品牌延伸，实施多元化，包括进军空调市场。

有一次，公司副总经理做客中央电视台《对话》节目，主持人问他："价格战是格兰仕制胜的一个战术呢，还是企业的一种策略？"

他回答说："应该是一种策略，价格战是一种薄利多销的、最基本的策略。"他同时表示，"很多人认为价格战是最低级的竞争方法，这是一种误解，因为从市场学的角度来说，价格战还是最基本的方法。比如日本打开欧美市场，就搞价格战，韩国打开欧美市场靠的也是价格战"。

格兰仕公司自己说：要以雷霆之势，杀进空调业，接连不断地大幅降价，搅得家电江湖上血雨腥风，其参与竞争的有力武器就是低价策略，其目的就是要摧毁"打价值不打价格战"的真实"谎言"。

这位经理在节目中提到的日本和韩国的企业，已经在与普遍实施定位的美国企业的竞争中节节败退。对于价格战，定位的观点是：低价是一个空位，可以卖得便宜，但不要诉求便宜。

其实一提到格兰仕，人们第一个想起的就是微波炉，这是不争的事实。虽然在微波炉取胜的战役中，格兰仕可能也采取过低价策略，但是取胜的核心并不是“低价”，而是格兰仕等于微波炉。

人们对格兰仕是微波炉的认知如此之深，导致消费者在听到格兰仕时就会想到微波炉，而不是空调。其实消费者的心智已经做出了有力的回答，格力空调比格兰仕空调价格高，但仍然是中国空调市场的领导者，格兰仕的低价策略没起多大作用。可是在微波炉市场，格兰仕会因为其品牌延伸而受到伤害。

品牌是跷跷板，它不能同时担起多个角色，新的一端升起，老的一端就会受到伤害，企业必须做出取舍。

成功的企业都非常聚焦，一个品牌只以一个概念出战，植入消费者的心智，聚焦是成功的保证。例如，加多宝代表凉茶，宝马代表驾驶，沃尔沃代表安全，格力代表空调，顺丰代表快递，海飞丝代表去头屑，飘柔代表柔顺，同仁堂代表中药，老干妈代表辣椒酱，等等。

“心智易丧失焦点”对应的定位原则就是聚焦，做少不做多。在定位的世界里，经常讲的一句话就是“多即是少，少即是多”。

2005 年，赶集网诞生。赶集网的定位是“啥都有”，一个啥都有的网站显而易见做起来非常辛苦，因为这挑战了人们的认知。

就好像我们去医院看医生，如果你的心脏不舒服，你就会找心血管科；如果你的胃不舒服，你就会找消化科。你不会因为心脏不舒服去找一个看骨头的医生，或者找一个全科医生。

做企业也是一样，做多不容易获得成功，做通才不容易获得成功，而要做少、做专才才会成功。定位讲聚焦，当你聚焦在某个细分赛道把自己做成专家的时候，你就已经打赢了 99% 的企业。

小结一下，面对心智的五大规律，我们应该怎样做。

心智缺乏安全感：信任状。成为第一、领导地位、传承经典、热销流行、最受青睐、市场专长等差异化定位都能给心智带来安全感。

心智容量有限：差异化。进入消费者的心智阶梯，追求的目标是占据第一位置。

心智很难改变：顺应认知。即使是企业重新定位，也只是重组认知，就是在已有认知上进行匹配，不要做改变消费者认知的事。

心智厌恶混乱：简单，简单，再简单。不要跟着标杆企业学它们的战略，那是趋同化。企业战略要差异化，要与众不同。

心智易丧失焦点：聚焦，少即是多。否则，品牌就会在消费者心智中失去焦点。如果企业完全具备多元化的条件，也不要用品牌延伸的方法，可以采取多品牌战略。

总之，在你的世界里，你可能觉得自己的品牌重如泰山，而在消费者的认知里它就是轻如鸿毛。这个世界没有“真相”，只有消费者的“认知”。因此，你想做什么不重要，关键是你的竞争对手在消费者心智中给你留下什么空位，能让你做什么。

竞争之地根本不在工厂和市场，而在消费者的心智中。一旦消费者心智中建立了有效的认知，这场商战你就赢了。

第五章

定位
就是聊个天

嘴是你一生的风水

01
见面三秒让对方喜欢你

有一年，我组织学习定位的 72 家企业董事长，一起去广西柳州金嗓子基地参观学习。我对那次报名的印象非常深刻，大家非常积极，很多人都知道广西金嗓子，也知道董事长江佩珍，但是没有几个人见过，更别说跟董事长近距离互动了。这个难得的学习机会，一下子就得到了定位同学们的积极响应，这场学习之行很快就来了。

江董事长有着极其丰富的传奇经历，她也是一代中国创业者的典范。在和江董事长打交道的过程中，她给我留下了非常深刻的印象，至今让我很感慨。我先给大家分享几个江董事长的小故事。

江董事长十三岁就进了柳州糖果二厂。她当时做的是最基础的工作——包糖果。她手脚很灵活，动作迅速，很快就成了的业务能手。

江董事长在每天工作结束之余，都会抓几把包好的糖果丢在班组长的筐里。那时候是按件计酬，包的糖果越多，获得的报酬就越多。江董事长抓几把糖果丢在班组长的筐里，显而易见是在帮班组长增加收入。我就很好奇，问江董事长为什么这么做。

江董事长说，因为班组长看她年龄小，一直很照顾她，给她很多关怀。她年纪小，能力有限，也无力回报。但是她手脚灵活，包糖果的速度在全厂都是快的，所以每天工作结束时就抓几把糖果丢在班组长的筐里，以感谢班组长对她的照顾和关爱。

听完以后我特别感慨，十三岁，这么小就有感恩的心，也知道用最朴素、最简单的方法去回报照顾和关爱她的人。

还有一件事，江董事长也留给我很深的印象。有一次她参加我的定位大课，当时并没有用自己的真实姓名，也没有以金嗓子的名义报名。当江董事长坐在我们课堂上的时候，我们没有一个人认出来她就是大名鼎鼎的广西金嗓子集团的董事长。

当时江董事长被安排坐在靠近教室门口的座位。凑巧，江西草珊瑚的董事长也在课堂上听课。课间休息的时候，草珊瑚的董事长在路过江董事长的课桌前时，突然说了一句大家谁也没想到的话："大姐，您也来听课了？"同时身体向前倾，很是客气。

看得出来，江西草珊瑚的董事长对她非常尊重。这一下就引起了我们的好奇，是谁能让江西草珊瑚的董事长如此尊重，还称之为大姐？结果一查吓一跳，居然是大名鼎鼎的广西金嗓子集团董事长江佩珍。

这让我非常感慨，江董事长很平易近人，就像邻家大姐在你身边，完全没有一丝一毫大企业家的腔调、明星的排场。而且她说话也非常客气，让我充分感受到了什么是真佛说俗语，她讲的是普通人都爱听、听得懂的话，这让我们肃然起敬。

很快，定位课程打动了江董事长。第二天上课的时候，江董事长就和她那一桌的辅导老师说，想约我在课间休息时聊一聊。

上课间隙时间，工作人员就安排我和江董事长进行简单的沟通。当我敲开门走进去的那一瞬间，董事长深深地鞠了一躬，说："顾老师，你好！" 这个动作差点让我没站住，我真的是承受不起，以江董事长的年龄、名望和社会地位，她完全可以坐在那里、跷着二郎腿等着当时的我这个后辈的到来。

我没想到大名鼎鼎的江董事长，一位70岁出头的企业家，一位为当地贡献上亿税收的企业掌门人，一个对社会做出如此大贡献的人，居然会如此谦逊。那一瞬间我就喜欢上了江董事长，她有一个特别强大的能力，就是见面三秒让你喜欢上她。

因为对董事长有非常好的印象，每次见到董事长我都特别开心。

大家在参观完金嗓子的工厂之后，就到会议室等待着江董事长的到来，很快江董事长在我们的阵阵掌声中走进了会议室。

她欢快地走到了会议室的正前方，在主

广西金嗓子集团是全国制药行业优秀科技型企业，始建于1956年，专注于制药和食品健康产业。公司董事长江佩珍女士先后荣获第五届中国改革开放30年百名女性新闻人物、全国十五大杰出创业女性、中国十大品牌女性。

席台上她讲了三句话，就把整个会场引爆了。

她是这么说的："大家好，我是江佩珍。欢迎大家来到金嗓子。我爱你们哦！"你看，江董事长见面三秒就爱上了你。

江董事长说完以后，就该我们的同学发言了。第一个站起来的同学挺激动，上来的第一句话就是："江妈妈，您好！"

刚刚还笑容灿烂的江董事长听完这句话以后，瞬间就蒙圈了。

这位同学可能还在激动的情绪当中，丝毫没有意识到江董事长表情的变化，继续饱含深情地说："您的年龄跟我妈妈一样，看见您我特别亲切。"你看，他还把证据都拿出来了。江董事长听完以后，我的感受是她瞬间无语了。

我发现太多的人不理解什么是沟通，**沟通是"讲对方想听的，不是讲你想说的"，这才是沟通的本质。**

第一个发言的这位同学一上来就讲他想说的，全然不管江董事长想不想听。听完这位同学的表白，我瞬间就想到了自己的遭遇，我每年回家乡过春节的时候，最不喜欢的就是别人叫我顾叔、顾伯，我也不喜欢在定位课堂上有同学叫我前辈。这些人都犯了沟通的大忌，就是讲自己想说的，而不管对方想不想听。

"见面三秒让对方喜欢你"，这是一种非常强大的人生逆袭能力，它的内涵比大多数人理解的丰富得多。相反，有些人不仅没有这个本事，倒是具备了另外一种能力，就是见面三秒把天聊死。

第一位同学深情饱满地说完以后，江董事长一言不发，因为她实在不知道该怎么接啊！

给读者一个良心建议，一定要记住四个字“女人不老”。因为每个女人心里都住着一个小公主，不管她多少岁。

女人是不会老的，女人永远年轻漂亮，这是我们要有的心态，尤其是男人必须拥有的心态。

第一位同学深情自嗨后，第二位可能也是想叫“妈妈”的，但被人抢先了，结果这哥们站起来的第一句话就是“江阿姨，您好！”。刚刚经受了“妈妈”的折磨，现在又来继续接受“阿姨”的打击，江董事长脸上一点笑意都没有了。

到了第三位，一时不知道怎么跟董事长说话了，想来想去，最后选择了一个最稳健的称呼，“董事长，您好！”。叫董事长当然没毛病，江董事长对这个称呼总算是给了回应：“这位同学，你好。”

董事长的脸色刚刚进来时像夏天般的火热，这会儿已经到冬天了。我似乎感觉到董事长用余光瞥了我一眼，我已经一头汗了。董事长似乎是问：“你确定是一群成年人来这里的吗？”

还好，这时候第四位同学站起来了，江西上饶人，宝瓶堂董事长俞文清，他只用短短五个字就把整个氛围从冬天拉回到夏天，整个会场瞬间就回暖火爆了。

俞文清站起来，在现场全部同学加上工作人员近百人的面前，深情款款地对着董事长就说了五个字：“小姐姐，你好！”

话音刚落，瞬间江董事长就引爆了，董事长马上给了热烈的回应：

"你好！你好！你好！"连说三个"你好"。全场热烈掌声，我长舒了一口气，总算遇到一个会聊天的，救我们于危难时刻。

沟通结束散场的时候，我上去跟江董事长打招呼，她见了我说的第一句话就是："刚刚个子高的这位同学，你有他的微信吗？推给我，我要跟他做生意。"

会聊天，就有巨大的魅力。会聊天，就有巨大的商机。

我经常讲一句话：好好说话，人生开挂。

结合我自己十多年的讲课经历，在课堂上遇见了太多类型的人，说个小感慨吧。

江董事长见面三秒就说我爱你，我每次上课讲到这段的时候，就会问来听定位课的同学："你爱我吗？"结果我得到了形形色色的回答。

一位男同学说："顾老师，我是男的！"

一位女同学说："顾老师，我老公在，不方便！"

一位小同学说："顾老师，我还是学生！"

你会发现，人们对于"爱"的理解是千差万别的。江董事长是以博大、温暖的心胸看待这个世界，所以她能很自然地就说出"我爱你"，我们的爱太小了。

当你学会聊天，你就会发现，每见到一个人，你就会多一条路，多一个朋友。可是你若不会聊天，三秒钟之内把天聊死，那你每见到一个人，你就给自己多竖了一堵墙，甚至多了一个敌人。

02
沟通的最高境界是让对方嗨

沟通的最高境界是什么？

让对方嗨，而不是自己嗨。

大家仔细想一想，我们在很多场合，特别是在逢年过节的时候，亲友团、发小、闺蜜见面的时候，一桌人聊天聊到最后，总是有人把自己聊嗨了，把同桌的人聊沉默了。

可能是因为我们习惯于自我表扬、自我激励吧，很少会站在对方的角度把对方聊嗨。

想把对方聊嗨，你要学会先软下来。

每个人都有自己的性格、自己的脾气。我甚至还碰到这样的同学，他说“有些人的生意我是不做的，我这个人性格就是很直接，从来不喜欢违心地赞美和表扬”。

当我听到这类话的时候，真是无语。

性格直接不是个性，是一种病，要治。

没有人喜欢被杠，每个人都喜欢温暖。

世界在变软，你也需要软下来。

当你软下来，世界为你打开。

软下来有三个要点，那就是不反驳、送礼物、赞美。

先说“不反驳”。

反驳好像是一些人的天性，总有人特别喜欢一项“体育”运动，叫抬杠。他们最擅长的就是做杠精，不管对方说什么，他们都会反驳。

任何人都不喜欢被怼，每个人都不喜欢被反驳，而是喜欢被尊重。

怎样才能做到不反驳呢？这并不是一件容易的事情，人们经常会说“不是这样的”“我不同意”“不对”等。做到不反驳有两点要求：

第一，不说“不”。你可以从现在开始练习，就是永远都不说“不”，看看你能否做到。

第二，不说“但是”。大多数人会表扬人，也会赞美人，只是没说几句，马上就用“但是”来转折，比如“我觉得你今天做的这件事情有一定的道理，但是我还是认为……”。

当你在沟通的过程中习惯于使用“但是”的时候，你前面说的那些赞美之词全都白说了。因为对方记不住你表扬他什么，但肯定会记住你那个“但是……”。

怎样表达不同意别人的观点呢？这是一个挑战。

我们以运动为例：有人说生命在于运动，也有人说生命在于不动，还有人说生命在于一会儿动一会儿不动。

假设你的观点是生命在于运动，而我的观点是生命在于不动，那当我问你生命在于不动，你同意吗？你会怎么回答？

在我十几年的定位教学过程中，问过无数的同学。有的同学是这么回答的，他说："我同意你的观点。"我说："不行，这个回答不行。你明明不同意，你就不能说同意，因为你会给对方一个误导。"

这么多年接触中国企业，我发现真有企业家做不到不反驳。这里我给大家分享一个不反驳的三段模式。用这个模式，相信你就能很好地解决不反驳问题。

第一句话是"我听到了你的声音"。

你不要说同意或不同意，只说我听到了你的声音，这是一个事实阐述，没有态度。

第二句话是"你的观点听起来很有趣"，或者"你的观点听起来很有意思"，或者"你谈论了一个很新鲜的话题"，诸如此类。

总之，就是告诉对方"你的观点很特别"，这是一个中性表达。

第三句话是"我尝试着从另一个角度来分享一个观点，供你参考"。

这句话想表达我们是在交换意见，而不是一定要分出对错。

如果你能用这种三段模式与对方沟通，你就很容易得到对方的理解和认同。不反驳的目的是避免与对方形成对立，对立不是一个好的战略，我们应该坐在一起而不是对立来讨论一件事情。

不反驳就是要有讨论的心态，而不是对立的心态。

用这个三段模式在日常生活和工作中多加练习，我相信一定会对你有很大的帮助。

接下来说“送礼物”。

礼物应该怎么送呢？分享几点小技巧。

第一个小技巧是微笑。

最好的礼物是微笑，嘴角上扬，露齿八颗。这个礼物取之不尽，用之不绝，如滔滔江水。

世界上所有的人都喜欢微笑，这是一个没有成本但效果奇好的礼物。以后大家见到任何一个陌生人，去到任何一个场合，记住你要做的第一件事情就是打开你的心扉，嘴角上扬，给所有的人以微笑。

千万不要双手抱胸，面露秋霜，如果这样的话，你就是在暗示别人“不要理我”。只要你能够做到面露微笑，你大概率会成为一个人见人爱的沟通者。

第二个小技巧是送伴手礼。

伴手礼并不一定是特别贵重的东西，它可以是你公司的产品，也可以是你家乡的特产。

第一次见面或者经常见面，伴手礼是一个很不错的社交工具。

哪怕是去兄弟姐妹家、好朋友家，甚至去孩子家和父母家，都要带一点伴手礼，礼多人不怪。

记住，送礼物一定要送对方喜欢的，千万不要送你想送的。

第三个小技巧是一定不要送大品类中的小品相，要送小品类中的大品相。

比如你要送朋友一个礼物，有 1000 元的预算，那你就不应该去买一部手机，朋友拿到这部手机一定不会很开心，但你钱已经花了，一分没少。

那应该怎么送呢？有一次，一个同学跟我聊天，说他朋友买了一套房子，邀请他去热闹一下，也叫暖屋。他准备送1000元礼物，但实在是不知道要送什么好，不知道送什么朋友才喜欢。

我就问他，你这个朋友平时爱好什么呀？他说朋友特别喜欢喝红酒，我说这就好办了。

如果你有1000元的预算，买一瓶红酒可不可以呢？当然可以，但这不是最佳的选择。

第一，1000元的红酒好不好？的确不错了，但显而易见，它不是一个让人印象深刻的好。

第二，红酒很容易喝完，一个人喝一瓶、半瓶是经常有的事儿。红酒喝完他就忘了。关键是这瓶1000元红酒的“力度”还不够，印象不会特别深刻。

那应该送什么呢？我跟他说，你恰恰不应该送红酒，送个红酒杯吧。1000元买一个红酒杯，我相信你的朋友一定会印象深刻。

最后他送了一个捷克的红酒杯给朋友。收到礼物，他那个朋友非常高兴，整个晚上都在说那是最让他心仪的礼物。

你会发现，红酒天天喝，可是这个杯子永留存。不管他喝什么红酒，他都永远倒在你送的这个杯子里，这会给他留下深刻的印象。

最后说说“赞美”，这真是要花点时间，我们分三节来讲赞美三拍。

03
赞美三拍之一：明拍

赞美是一个特别不容易的活儿。很多人说赞美很简单嘛！不是的，赞美其实特别不简单。那应该怎么学会赞美呢？在赞美的世界里，我经常说赞美三拍，就是明拍、暗拍和神拍。

先说明拍。明拍说起来很容易，可是真正做得好的人并不是很多。

我在十几年的定位教学过程中，问过很多人，我说你当面赞美一下我，我看看你赞美的水平怎么样。结果让我大跌眼镜，真正能让我心仪的，十个人中两个都没有，而且我还发现了更大的问题，就是有不小比例企业家不会赞美，或者说不习惯赞美。

有些企业家是这么跟我说的："顾老师，我这个人性格很直，我喜欢你，我就会赞美你，我不喜欢你，我就不会赞美你。"

不会赞美是因为性格直，很多人说"这是我的特点"，我特别想再说一次，性格直真不是你的特点，是你的毛病，因为你很容易伤到别人。

我有一个朋友，他的母亲直肠癌晚期，医生说只有三个月左右的生命了，我这个朋友特别难过。

他就跟我说："老娘得了直肠癌，晚期。"

我说："哦，不就是息肉嘛。"

他说："不是的，是直肠癌晚期。"

我说："哦，息肉有点大。"

他说："你今天怎么回事？没听清楚啊？是直肠癌晚期。"

我说："你是不是傻了？我都说两遍了，它就是息肉。"

这时我这个朋友反应过来了："哦，息肉，对呀，不就是息肉嘛！"

医生建议如果可以的话，做个小手术拿掉肿瘤，可以更好地延长生命。我这个朋友在我三次回答后，观念转变过来了，于是轻松地跟他母亲说："老娘，你有个息肉，有点大，医生说打点麻药把它拿掉就好了。"

他自己心里这个坎过去了，他母亲很快就同意了做手术。到现在为止，这个手术已经过去六年了，加上术后的中医康复管理，他母亲的身体现在还不错。

这就是我常说的，**你不能有话就直说，人生不是只有黑和白，大多数其实是灰色地带，这就是华为创始人任正非先生讲的灰度。**

从 2008 年开始，定位培训已经 15 年了，在这期间我认识也接触了太多的中国企业家。开班到现在已经有 160 期了，除了过新年，每个月都在开课，碰到了太多各种各样有特点的人。

对于那些真是转不过来弯的人，怎么办？

我来帮你吧，我帮你在理念上打通。思想上先认同，转过弯来，学会赞美，哪怕是不喜欢也要会赞美。

我问你几个问题，你就实话实说。如果你能真实地回答我这些问题，我相信我能帮到你，最后你就能转过弯来。

第一个问题是：“你是做生意的，是不是想把产品和服务卖向全世界？”

企业家的回答是：“当然想了！”

第二个问题是：“如果你的产品卖向了全世界，你会不会遇到天下人？”

企业家的回答是：“那当然会了！”

第三个问题是：“如果你遇到了天下人，有没有可能就有你不喜欢的那一种类型？”

企业家的回答是：“太有可能了！”

第四个问题是：“那些你不喜欢的人，他们买你的货，你卖吗？”

企业家的回答是：“当然卖了！”

我说：“好，只要你不是视金钱如粪土，只要你不是挑人做生意，那就好办了。”

第五个问题是：“你不喜欢对面的人没事儿，但他买了你的产品，你应该叫他什么？”

这时候，企业家的回答形形色色，有人说叫“上帝”，我说上帝离得有点远；有人说叫“客户”，我说“客户”听着挺生分的；有人说叫“亲”，我说“亲”好像就是打个招呼；有人说叫“亲爱的”，我说这个好像与“亲”没区别；有人说叫“宝贝”，我说这个称呼给人的感觉有点别的味道。

你觉得应该叫他什么呀？

我的建议是，要把所有跟我们做生意的人当作自己的衣食父母，要有这个心态。“衣食父母”，你能接受吗？

第六个问题是：“现在你的衣食父母要你赞美他，要你表扬他，你说得出口吗？”

这时候，我发现有很多企业家开始要么就诚实，要么就感悟，要么就点头说：“嗯，有点儿感觉了。对，我应该能够说得出口。”

如果他还没买你的货，那你是不是在情感上可以把他当作下一个潜在顾客，有这样的心态，你是不是就会好很多？

我们大多数企业家到这一关都能走过来，但也有极少数人还是过不了，个别同学跟我说：“顾老师，怎么说呢？你说的是对的，可是话到嘴边我还是说不出来，就是夸不出口。”

我说：“这样，最后一米了，我帮你把它打通。如果你喜欢一个人，他买了你的货，你表扬他，这叫真实人生；如果你不喜欢一个人，他买了你的货，你不得不表扬他，这叫什么人生？”

这些年，我问了很多同学，答案真的是五花八门。有人说叫屈辱人生，有人说叫悲催人生，有人说叫可怜人生，有人说叫现实人生，有人说叫残酷人生，有人说叫社会人生，有人说这就是人生。

听完了以后我真是哭笑不得，我说：“有这么凄凄惨惨、悲悲戚戚吗？喜欢他叫真实人生，不喜欢他也要表扬他，这叫艺术人生。”

大家想想，我们这一生到底是真实人生多还是艺术人生多？

大部分企业家都会说艺术人生多。

举个例子，今天早上我太太试了一件新衣服，她问我“老公，我是不是胖了？”，如果是你，你会怎么回答？

你会说“老婆，你真的胖了”，还是会说“老婆，没有，你没胖，是衣服瘦了”？

很多企业家说“不能说自己老婆胖了”。你看，这就叫艺术人生。

如果你老婆问你“老公，这件衣服好看吗？”，你怎么回答？

记住，当女人问你衣服好不好看的时候，她不是在问你的意见，她是在求表扬！所以这时候你需要做什么？

直接表扬、赞美就对了。这就是艺术人生！

讲到这里，大部分人都能豁然开朗了。这就叫聊天，你要先打通底层逻辑。底层逻辑不通的话，赞美三拍的“明拍”你都过不去，更不用说“暗拍”“神拍”了。

明拍，要注意几个要点：

第一，不要流于形式、高大上，因为一看就很假。

有的同学说“顾老师，你的才华如日月光辉”，我一听就觉得这不是在拍我，这是来搞笑的。

第二，不要把明显的缺点拍成优点。

比如，有的同学说“顾老师，你真的很高大”。我一米七都不到，怎么可能很高大呢？然后他马上补一句“你在我心目中很高大”。

还有的同学说“顾老师，你长得很帅”。我都活几十年了，从小到大就没有人说过我帅，我从来没有享过颜值的福利，什么时候变成很帅的呢？

从小到大，因为没有颜值，家里又没有矿，所以一直靠着努力、靠着才华吃饭。我经常讲的一句话就是：如果不是生活所迫，哪一个愿意把自己逼得一身才华！

第三，要落到具体之处，会更容易被对方所接受。

比如赞美对方“今天你的发型非常好看”，或者“你穿的衣服上的小碎花非常好看，你今天配的眼镜很好看”，等等。

第四，要让赞美有价值，变得更高级。

我听过一位同学是这么赞美我的，他说：“顾老师，自从学了你的定位课，我回去以后就反复实践，我发现我的生活和工作都发生了很大的改变。以前我和我太太经常吵架，自从学会了沟通，我理解了沟通是讲她想听的，不是讲我想说的，我理解了沟通的最高境界是让对方聊嗨，我们夫妻的感情一下就好了很多，有一种重新谈恋爱的感觉。谢谢你。”

这种明拍就会让听者容易接受，也觉得自己非常有价值，这是一个很好的明拍技巧。

04
赞美三拍之二：暗拍

顾名思义，暗拍就是你拍的时候，对方不知道你在拍他，对方就觉得跟你聊天很高兴。回到家里睡觉前突然想起“我今天怎么这么高兴啊，我都遇到了谁呀”，他才突然意识到自己被你拍了。

我先说两种场景，告诉大家暗拍应该怎么拍。

第一种场景就是当我们遇到一些优秀人士，比如大企业家、成功者，或者年轻人遇到前辈、长辈，应该怎么暗拍？

有一个特别简单的小技巧，一句话就可以讲清楚，叫“好汉要提当年勇”。这个暗拍能帮你搞定大牌，后辈搞定前辈。

为什么要提当年勇呢？一个很重要的原因就是人都是有分享欲的。

任何成功人士都走过一段不寻常的路，没有谁可以随随便便成功，不经历风雨，怎么见彩虹。这段艰难岁月，在他的记忆里刻骨铭心，不会轻易散去，很多时候他需要倾听者，他也愿意分享。

所以，**最好的暗拍就是好汉要提当年勇。**

你可以这么说：“哎呀，陈总，我真的是无法想象您当年只用 2.4

万元，在一个普通的小房间里是怎么起步的。现在我手上有十几万，而且还有很多人帮我，可是我都走得坑坑洼洼的。我想请陈总分享一下，这一路您是怎么走过来的？这其中发生了什么？很希望您跟我们分享、赋能，让我们更好、更快地成长。”

只要你引出这个话题，大多数企业家、成功人士就开启了回忆：“想当年呐……”

记住，一旦开启回忆，你剩下的事就简单了，只需配合一下就好。这里分享几个配合的小技巧。

第一，要记录。如果对方是年轻一点的，你用电脑去记也无所谓，但如果对方是五十岁以上的，最好不用电脑，拿支笔，拿张纸，他会觉得你在认真倾听，认真记录。

第二，记录时眼睛最好看着对方。千万不要他在跟你分享的时候，你在看别的地儿。

第三，语言也要配合一下。当他讲到精彩的地方，你要配合一下说“哇，这样也可以呀！”“哇，这多难呀，这怎么也行呢！”“啊，没想到原来还可以这么干！”，诸如此类。

因为这些语言表达了你是在非常认真地听。你听得越认真，他讲得越嗨，讲得越精彩。这样你就达到了聊天的最高境界——让对方嗨。

第四，姿势千万不要葛优躺。身子应该往前倾，坐半个屁股，听得兴高采烈、全神贯注的样子。

能做到这几点，就是非常了不起的暗拍。

大家记住，并不是拍一次就结束了，你得持续拍。

你回去以后，一个星期、十天，或者半个月、一个月，你要继续跟他互动一下："陈总啊，上次听您分享以后，我实践了您教我的几个招数，用完以后收获特别大，取得了明显进步。"

你的这种进步会让分享者获得更大的荣誉感和成就感。这是一个很好地愉悦他人、暗拍他人的小技巧。

第二种场景下的暗拍就更厉害了，是"于无声处听惊雷"。

这类暗拍特别适合有沿街门店的企业，比如餐饮、酒店、美容美发等。

以餐饮为例，假设你的饭店是做堂食的，人均 80 ~ 200 元这种档次，甚至更高。有一个叫张三的人，是你门店的 VIP 客户。那你知道怎么暗拍吗？这里分享一个很好的暗拍方法。

第一，把张三的照片给店里所有人看，尤其是要给保安、门卫、迎宾，要你店里所有人都认识这个人。

第二，如果店里有耳麦就更好，每个人都戴个耳机，有一个传话筒，这样效果更好。

当 VIP 客户张三来到你饭店就餐时，他的车在酒店门口刚一停下来，保安就冲上去跟他打招呼，说一句"张总好"就行。

这时候，张总就开始想"咦，这不错，保安都认识我"，他心里会"咯噔"一下。

当张总下车往饭店大门走的时候，迎宾看到他来了，主动迎上去说“张总好”，别的都不用说，打个招呼就行。张总就开始想“咦，我在这里这么有名吗？大家都知道我？”。

这时候迎宾引他进房间，点菜的服务员上来也是同样这句话“张总好”。这时候，张总的心情就会大好。

为什么呢？一个很简单的道理，当他得到了这么多人的问候，这么多人都能叫得出“张总”的时候，他就会想“我在这里是不是特别知名啊？”。

高潮还没来，当上菜的服务员、打扫卫生的阿姨都跟他说“张总好”时，他就进入了第一个高潮。岗位越普通的人越能认识他，说出“张总好”，这种暗拍的级别就越高。

我就碰过这样的，就是来搬凳子的阿姨都知道我，说“顾老师好”，瞬间我就感觉特好，连阿姨都认识我。这是第一个高潮。

接下来的高潮是，当张总出去在走廊上打电话时，遇到了一位戴白高帽的厨师，也跟他打一个招呼说“张总好”时，张总瞬间就破防了，心想“怎么连厨师也认识我呀，天呐！”。

要知道厨师可是从来见不到顾客的。这是最佳的暗拍。

被多次打招呼、数次暗拍后，顾客都会心情好，就会喜欢上你的饭店。

只要顾客喜欢上了你，他就会觉得你哪里都好。

不管你是做餐饮还是做美容美发，是卖吃的还是卖用的，是卖车还是卖房，这都是很不错的暗拍。

05
赞美三拍之三：神拍

神拍的技巧就比较高了，高到什么程度？就是你要拍的那个人，你们之间连个对话可能都没有，甚至你连提都不用提他。

讲一个我的神拍故事。

我是渣打中国招的第一位内地中国籍行长，多年前进入渣打中国的时候，我的英文读写能力还过得去，但听说能力非常一般。

我没有在海外留过学，也没有去过别的外资公司，渣打是我进的第一个外企。渣打是全英文工作环境，它的报告、开会、办公都是用英文。中高层会议，跟我老板开会，或者跟我老板以上的人开会，也常常需要用英文。我的英文听说能力不行，开会就非常困难。

但我的业绩很好。我的老板为了提高我的英文听说能力，专门给我请了一个加拿大人、一个美国人，两个英语母语的人先后来做我的口语陪练，他们就天天跟着我，我随时都可以问他们，全天陪伴。

半年的陪伴下来，我的英文水平突飞猛进，取得了很大的进步。

有一次在新加坡开一个渣打银行全球会议，有 600 多人参加，渣打中国也有高管参加，我的老板参加了，我老板的老板也来了，大老板是渣打银行总部的副行长，主管我们这条业务线。

在会议快结束的时候，进入了问答环节。这时候主持人说“现在可以提问”，我“蹭”地站起来，第一个举起手来，当着600多位渣打银行高管和同事，包括我的老板以及老板的老板的面，我用英文提了一个问题，这个问题长达一分钟。

当我把这个问题提完的时候，我知道我的老板被我神拍了。

会议结束后，我的老板马上就找到我，要介绍我认识总部的大老板。他对大老板说：“这就是渣打中国的Peter顾，是一位非常优秀的年轻人。Peter刚进渣打中国的时候，不能用英文开口说话的，可是你看才短短半年，他就可以在全球会议上用英文流利地提问了。”总部的大老板也是热情洋溢地跟我打招呼！

实际上，就这个问题，我自己在家里准备了足足一个星期，我无数次地演练应该怎么去提这个问题，我把所有跟问题相关的话术准备了无数遍，就是为了确保流利，确保不打磕巴。

那我为什么要在这个全球会议上提问呢？一是想锻炼一下自己，二是想通过这种方式表达一下我对老板的感谢，感谢老板给我机会，为我请了两个老外做我的英文陪练。我想告诉老板，我很珍惜这个机会，我学习也很刻苦，而且非常认真。

在那半年里，我每天下班回家至少要学两个小时英文，这也是我的口语能突飞猛进的重要原因。

老板为我花钱请老师，我必须在老板那里做一次毕业考试。我想过无数次，怎么样给老板一个交代。这次全球会议就是最好的机会。

我要当着600多位全球同事和我的老板的面把这次会议当作毕业典礼，所以我精心准备了这次提问，以及在整个会议期间参与讨论。

这次会议结束以后，我的老板对我刮目相看。

我这一次提问，拍得我的老板记了好几年。在以后两三年的工作时间里，我的老板经常提起这次600多人的国际会议，提起我的这次提问。

定位沟通最厉害的就是打通心智，定位知道怎样去跟对方沟通，怎样见面三秒让对方先喜欢上你。

关于赞美三拍，我就跟大家分享到这里，我也希望各位读者可以把你们所知道的赞美技巧分享给我。我很愿意跟大家互动，让我们共同打开心扉，用爱天下人的心态和天下人打交道。

在你知道赞美三拍，知道沟通就是讲对方想听的而不是讲你想说的，知道沟通的最高境界是让对方嗨之后，你就已经具备了良好的沟通能力，你的事业会越来越红火，日子也会越过越美好。

如果你会赞美，你能搞定50%的人；

如果你会送礼物，你能搞定70%的人；

如果你既会赞美又会送礼物，你能搞定90%的人；

如果你会恰如其分地说好话，还会送他想要的礼物，你就能搞定99%的人。

这是定位沟通的魅力。

06
沟通就是聊个天

如果 99% 的人都和你成为朋友，为你铺路，你还不会成功吗？下面我给大家讲一个小故事，它很好地诠释了我们如何看待沟通、如何看待聊天、如何看待赞美。

有一天，我和我弟弟走在小区里，对面走过来一个女生，她看到我以后马上说：“咦，这不是顾老师吗？顾老师，你在这里买房了？”我说：“没有，没有，租了一个小房子。”结果她下一句话就说：“怪不得嘛，这里的房子很贵的。”我说：“是是是，这里的房子很贵。”随后我们就擦肩而过。

显而易见，这个女生认为我买不起这里的房子。双方分开以后，我弟弟不高兴了，他马上就跟我说：“哥，这不是你买的房子吗？”我说：“是啊！”他说：“你的房子很小吗？你不是买了两间吗？”我说：“是啊！”他说：“那你为什么说你是租的，还说很小？”我的回答是四个字：“聊个天嘛！”

记住，只要不伤害到你的钱包，不切你的蛋糕，所有的沟通都可以用四个字来概括：聊个天嘛！

当你能够接受并且走进“聊个天”的思想境界，你就打开了定位的心智之门。

其实，定位就是聊个天。定位走进企业，就是帮助企业品牌与顾客聊天，让顾客买我而不买对手的产品；定位走进家庭，就是帮助我们好好跟自己的太太说话，跟儿女、跟父母聊天；定位走进职场，就是帮助职场人和自己的老板好好聊天，和自己的同事好好聊天，让老板给自己更多的提拔机会。

定位就是聊个天，聊天的目的就是实现自我的价值。当你学会了聊天，当你理解了聊天的境界以后，你就打开了定位的大门，从此你将会生活甜甜蜜蜜，事业顺顺利利。

好好说话，人生开挂。嘴是你一生的风水，你说话温暖的程度决定你人生的高度。

笑脸是你永远的名片，当你用灿烂的笑脸面对世界的时候，这个世界就会回馈给你最大的爱。

好好聊天，走进定位的世界，一生开挂！

叁

第三篇

定位聊企业

产品是道理
品牌是故事

第六章

想做老大，走对这四步

成功就是一场
有预谋的精心策划

01
第一步，找到对手：谁挡着你发财了

本章标题直白地告诉大家：在这个企业经营者普遍感到卷得厉害的时代，想做到一个细分品类的老大，其实只需走对四步。

第一步，一定要找出挡着你发财的人。只要找到“他”，解决了他给你造成的麻烦，你就解决了赚钱的问题。如果他的问题不解决，你永远会感觉到卷，感受到价格战。

找出他的过程，就是定位说的竞争环境分析。以我多年的经验，竞争对手有两种比较普遍的情况：一是对手很多；二是有一两个特别强大的竞争对手，“神”一般的存在。

本节就对这两种情况做一些具体分析。

第一种情况：挡着发财的对手太多了

先用一个案例来聊聊这个话题。

浙江省嘉兴市嘉善县有一口云澜湾温泉。云澜湾地处嘉善县大云镇，地理位置非常优越，从云澜湾温泉开车到上海徐家汇只要一个小时，到杭州也很方便。

云澜湾温泉总投资30个亿，泉水源自地下2160米。我们一般说到温泉，都会想到是在山林里，云澜湾则是杭嘉湖平原地区的第一口真温泉。

云澜湾董事长是一位漂亮、知性的女性，非常喜欢泡温泉，所以她就不惜代价投入重金来打造。

她移栽了很多或挺拔或奇巧的珍稀树木，设计了江南风格的小桥流水，温泉造型由迪拜七星级帆船酒店的设计师设计，把园林景观打造得美轮美奂，希望以此吸引更多游客。

为了一个更火爆的明天，2016年11月云澜湾董事长走进了我的定位课堂。在这里，董事长听到了一个与认知完全相反的概念——“卖得好所以产品好”，因为大多数企业家的思维恰恰是“产品好应该卖得好”，特别是在产品上投入巨大的企业更是如此。

可是消费者的思维不是这样的，他们的想法恰恰是反过来的，因为产品卖得好，所以你才是真的好。这就需要商业思维的转变。

还有，在课堂上我们做了一个简单的现场调查，发现今天的中国消费者，特别是男性顾客，对他们而言温泉是一个可去可不去的地方。怎样才有更大的客流，能让更多人来到这里游玩泡泉，是一个亟待解决的问题。

从这一点来看，不仅是温泉的同行，而是所有旅游项目都可能会成为云澜湾温泉的竞争对手，因为消费者可以来泡温泉，也可以做别的选择。就像在国庆长假里，可以去泡温泉，也可以去游古镇，还可以去酒吧喝个小酒。

所以，云澜湾一定要给消费者特别清晰的理由，一是他为什么要泡温泉，二是他为什么要泡云澜湾温泉，这才是最需要解决的重要问题。

走进定位世界的云澜湾董事长给出了出人意料的答案。

中国大概有 3000 口温泉，仅云澜湾所处的江浙沪地区，温泉就已有百口。概而言之，就是市场上的温泉很多，有充足的供给量。人们泡温泉，有很多地方可以就近解决。更麻烦的是，有不少是假温泉，就是烧出来的锅炉水，也冠以温泉的名义让你去泡。这是一个典型的竞争对手特别多的行业。

温泉行业同样是有大品牌的。江苏的汤山温泉知名度就相当高，浙江的武义温泉同样众人皆知。有太多的温泉可去，加之行业又有大牌，显然云澜湾温泉要解决的问题不少。

怎么破局？

看似竞争扑面而来，定位却可以一招制胜，轻松破敌，就是提取全行业共性，然后对着干。对任何行业而言，这都是一个绝佳的战略。

如果你所处的行业竞争对手特别多，“跟全行业对着干”是一个行之有效的战略。它是如此简单，却又极其有效。云澜湾就是这么做的。2017 年定位之后的云澜湾温泉，迎来了爆发式的增长。

2016 年云澜湾客流量有 30 万人次，重新定位后，2017 年一下增长到 80 万人次。2018 年持续增长到 150 万人次。到了 2019 年，全年客流量更是达到了 200 万人次。2019 年温泉行业是下滑的，云澜湾却逆势上扬。

提炼全行业共性，然后对着干。具体怎么执行？

我们走访了国内、国外两个市场。先说国内市场。

中国非常大，国内有几千口温泉，东南西北中我们都跑了，跑了将近 40 口具有代表性的温泉。例如，汤山温泉和武义温泉就是我们重点调研的温泉。

很多人认为泡温泉是一件美事，更有人调侃说，天天泡温泉看美女，可赏心悦目了。事实并非如此，想象的都挺美好，可是真正去泡温泉时，麻烦一大堆。第一天泡温泉，我们项目组就“挂”了好几个。

温泉有一个很重要的特性，就是不能长时间地泡，泡十分钟最好出来休息几分钟。长时间泡在温泉里，对皮肤是非常不好的。我们项目组是有这个认知的，在考察全国的温泉前，云澜湾的温泉专家就已经告知我们了。

但我们的市场调研方式决定我们做不到短时间泡温泉。考察温泉，就要和来泡温泉的游客做大量的交流，听听他们的看法，画出温泉顾客的心智地图。大量的交流导致我们不得不长时间泡在温泉里，于是“灾难”降临了。

第一天泡温泉，我腿上有一个很小的划痕，本来是根本不起眼的，就是因为长时间泡在温泉里，这个划痕迅速扩大，皮肤出现变化，吓得我赶快跑到医院里检查，结果皮肤科医生看了一眼问我：“伤口是怎么来的？”我说：“本来是一个小划痕，泡温泉导致伤口大面积散开。”这个医生特别有趣，她来了一句：“看出来了，你泡的是真温泉。”

温泉性温，长时间泡温泉容易让人体热。有一位同事因为调研，泡温泉的时间实在太长了，连续二三十天泡，结果嘴角起了大量水泡，然后开始溃烂。

另一位年轻同事，我们正一起吃饭，聊着聊着突然他的鼻子开始流血，滴在餐具上。我吓了一跳，他倒很镇定地说“可能是温泉泡多了”，然后去看医生。做个温泉项目真不容易，工伤率是最高的。

经过大量的国内市场走访，我们发现国内温泉大概有三种类型，这就是我们讲的提取行业共性。

第一种叫景点型温泉，这种温泉依景而建。

景点型温泉一般身处山中、林中，有很漂亮的自然风景，人们到这里泡温泉，其实都是冲着这里美丽的风景来的，比如御水温泉、南山竹海，还有天明山的森林温泉、天目湖的涵田温泉等。

第二种叫主题型温泉，这种温泉凸显了某个人文主题。

比如常州的恐龙谷温泉是史前风格，浙江武义的唐风温泉是唐代风格，广东珠海的御温泉是日式风格。

第三种叫同质型温泉，这种温泉没什么特点，靠打价格战生存。

大部分温泉都属于同质化严重的温泉，狂打价格战。我是苏州人，有一次在家乡泡温泉。当时一个温泉在搞活动，门票98元一张，走时还送一只小土鸡，或者两只大闸蟹。这就是典型的价格战，可以想象这个行业的竞争有多残酷和激烈。

我们还去了海外市场调研。

海外温泉的确值得我们借鉴。项目组研究了法国的温泉、冰岛的温泉、土耳其的温泉，重点调研了日本的温泉。

日本是一个温泉大国，从北到南，有3000口左右温泉，7万多家温泉旅馆，每年有上亿人去泡温泉，接近日本人口的总和。

在日本，我们发现了几口特别有意思的温泉。其中一口叫川中温泉，泉水是从河川中涌出，水质为硫磺泉，泡过这口温泉的当地女性的皮肤特别白嫩美丽，因此得名美人温泉。

还有一口温泉也挺有意思，叫龙神温泉，水质无色透明，堪称日本第一的碳酸氢钠泉，其实就是小苏打泉。泉水不仅有外在美白肌肤的效果，还能促进肝脏代谢，由内而外地打造你的美。这个故事讲得挺好，日本人是擅长讲故事的。

另有一口汤之川温泉，这是一口位于山谷中的涌泉，流传着远古时期神秘而动人的爱情故事。传说古代有一位公主在这里泡温泉，疲劳顿时消失，而且变得更加美丽，这是一个具有浪漫色彩的温泉。

印象深刻的还有一口手毬温泉，这口温泉的配称做得极其好，配称是指它的运营，包括食品、服饰，还有墙上的展示、各种挂件等。

调研了国内外诸多温泉，我们提炼出温泉的三点共性：

第一，温泉消费多由女性决策。

我在汤山温泉做市场调研时，遇见二十多个大老爷们来泡温泉，我就问他们："怎么会到汤山来泡温泉，你们来自哪里啊？"回答是"来自浙江绍兴，是单位工会主席带着来的"。

我问："工会主席在哪儿？"回答是"工会主席是一位老大姐，一会儿就来"。

你看，一位老大姐就可以带着二十几位中青年男性来泡温泉，温泉消费很多时候是女性决策的。还有一个很重要的原因就是男性对于泡温泉没啥概念，他们虽然有"泡"的概念，但很多人不知道"泡温泉"和"泡澡"有啥区别，觉得都是一样的。

我真看到有男性在温泉池子里边泡边搓，搓完胸搓腿，但从未看见女生这么干的。很多男性对泡温泉其实是无感的。

第二，对温泉的认知，女性很清晰。

泡温泉到底对身体有什么好、对皮肤有什么好，女性的认知明显比男性强。

我在汤山温泉泡泉的时候，就遇到一个女孩子单独在泡温泉。我对她进行了调研。

我说：“你来自哪里啊？”

她说：“来自上海。”

我说：“你从上海专门到南京来泡温泉，你是一个人来的吗？”

她说：“不是，我和我先生一起来的。”

我说：“那你先生怎么不来泡温泉呢？”

她说：“我先生不爱泡温泉，他在健身房跑步。”

我说：“那你为什么喜欢泡温泉呢？”

她说：“我一年要泡两三次，温泉对身体可好了。”

她能说出很多温泉对身体的好。

第三，温泉特性有利于女性。

温泉性温，而女性偏寒。温泉的这个特性特别有利于女性，所以女性可以多泡温泉。尤其是对一些宫寒的女性而言，泡温泉就更适合了。

宫寒严重的话可能会影响女性生育，泡温泉有利于消除宫寒，这样更容易怀上孩子。有人拿这作为一个卖点，说这口温泉是送子娘娘。其实，只要是真温泉，对女性的宫寒都是有一定作用的。

总结出温泉这三个共性，我们发现一个有趣的事情，温泉的世界由女性决策、女性主导，温泉的特性有利于女性，对温泉的认知也是女性更清晰。可是在中国市场，居然没有一口温泉是专为女性服务的。

在我们大量的市场调研之后，定位战略已经呼之欲出，项目组建议将云澜湾打造成中国第一口女人温泉，云澜湾的定位就是：

云澜湾，更适合女人的女人温泉

这个定位出来以后，我们跟企业沟通，有人提出质疑。其中有一位高管提了一个问题：“全中国的温泉大概只有我们讲女人温泉，放弃了老人，放弃了小孩，放弃了男人。我们要放弃这么多人，独独服务女人，全行业只有我们这么干，这是不是一个很糟糕的战略？”

听完这位高管的问题，我只轻轻地回了一句：“所以，我们才有机会赢。”

定位就是与众不同，就是要跟竞争对手反着干。如果你跟对手一样的话，你是很难打出来的，还会深陷价格战。这是定位最独特的地方，它总是在走一条与众不同的道路。

有一个很重要的法则就是“二八定律”，财富总是掌握在少数人手里。如果有一天你发现你的观点、战略和大多数人一样，你一定要意识到你就是大多数人，你就会失去做老大的机会。

显而易见，在市场竞争中，赢家是少数人。

在云澜湾女人温泉的战略梳理过程中，发生过很多有趣的事情，我跟大家分享一二。

先说说名字。项目组给云澜湾温泉取了一个名字叫“肚兜”，居然还注册下来了。我相信“肚兜女人温泉”这个名字只要说一遍，你可能就终生难忘。

我在前面章节中讲过，一个好名字要反映品类属性。女人温泉，它的属性是什么呢？“肚兜”这个名字就很好地勾画出女人温泉的特性，让人印象深刻。

肚兜女人温泉，品牌加品类，一下子就在消费者心智中种草了。只要你到江浙沪出差，兜兜转转，就会有人很想去肚兜女人温泉看一看。

想象一下，如果再收集几十款“肚兜”，把它们裱起来挂在肚兜女人温泉的大厅里，你一走进来就能看到几十款按照时间顺序陈列的肚兜。你会有兴趣吗？你会拍照吗？会发朋友圈吗？这是一个很好的传播话题。

做品牌最大的诀窍，就是要一手硬一手软，两手抓。

产品要硬，要把产品或服务做好，云澜湾女人温泉是做服务的，就是要把服务做硬。

软就是传播，传播要“浪”，不要太正式。因为太重、太正式的东西是很难传播出去的。我们在天上从来看不到黄金在飞、白银在飞，我们能看到的都是花粉在飞、“八卦”在飞。品牌传播也是一样。

“肚兜女人温泉”最终没有被使用，有点儿遗憾。希望有一天能重启，我相信它会成功的。

还有一件很有趣的事情。云澜湾董事长把女人温泉战略分享给她的闺蜜、亲友后，遭到了大多数人的反对；项目提案那一天，20 多位高管有三分之二表示怀疑。云澜湾董事长面临巨大的压力，但最后还是决定走女人温泉这条路，结果获得了巨大的成功。

这里我特别想再说一遍，当你的想法得到大多数人赞同的时候，你一定要意识到你就是大多数人。很多伟大的战略，最初都是不被人看好的，只有少数人坚持。一个伟大的战略，常常是出人意料的。这就是定位经常讲的一句话：**战略都是逆人性的，管理才是顺人心的。你的战略必须与众不同，这样才能打赢你的竞争对手。**

从这一点上来讲，我很钦佩云澜湾董事长，她具有强大的决策力，是一位非常了不起的企业家。

云澜湾女人温泉是一个很好的战略。

第二种情况：市场上有一两个强大的竞争对手

以白酒为例。茅台就是“神”一般的存在，茅台是白酒世界里的天花板，面对这么强大的竞争对手，怎么做战略呢？

定位告诉我们，两招化敌：一是关联这个强大对手；二是重新定位这个竞争对手。

青花郎，来自四川古蔺县，它的定位战略是“中国两大酱香酒之一”，然后通过广告把它传播出去。消费者看到这个广告，第一反应就是：“哦，茅台第一，青花郎第二啊！”

青花郎的战略，就很巧妙地把自己关联到大品牌茅台上，让大家觉得它好像是老二。通过巨额的广告投放，青花郎这一波战略打得不错，成长非常快。这里我想与广大定位爱好者做一个专业上的讨论，“两大酱香”这一定位有战略漏洞吗？

特劳特说过，所有的战略定位都可能存在漏洞，关键是你的竞争对手能不能找到它。如果找到了这个漏洞，那么就可以破解你的战略定位；如果找不到，那你就可能赢。

青花郎现在的定位是“庄园酱香”，亲爱的读者，你怎么看？欢迎私信我，也可以来我的课堂当面交流。

在酱香酒的世界里，还有一个大品牌叫国台，它的定位是什么呢？

国台也关联了茅台，“茅台镇第二大酿酒企业”，这个关联定位有效吗？欢迎大家讨论。

扫描回复“关联”
与顾均辉交流定位

除了关联定位，还可以重新定位大品牌，给大品牌贴个负面标签。

有个非常经典的案例，就是奔驰与宝马的故事。

宝马在20世纪初曾经日子过得很难，直到20世纪60年代，宝马重新定位奔驰，它说奔驰更适合乘坐，宝马更适合驾驶，结果宝马一跃就成了两大豪华轿车之一，“坐奔驰，开宝马”。

这是一次很好的重新定位，给大品牌贴个负面标签。

最后，我们小结一下。

谁挡着你发财了，把他找出来。如果全行业有很多竞争对手，那么就提取全行业的共性，跟它反着干；如果有一个老大给你造成了很大压力，那么你可以关联老大，也可以重新定位老大，给它贴个负面标签。

这样你就可以做得风生水起，甚至和老大平起平坐。

02 第二步，学会商战：打赢对手的定位九招

如果找到了挡着你发财的竞争对手，那该怎么表达呢？

这一节我们就好好聊一聊怎么表达更有效，进而让我们区隔竞争对手，打败这些挡着我们发财的人。

这五招不管用

我先说五个无效的表达，它们是更低价格、产品质量、优质服务、产品齐全和广告创意。

第一，更低价格。我在渣打中国上班期间，发现了一个很有趣的现象，当我和同事买了星巴克咖啡的时候，我的同事会跟我说："Peter，我们赶紧上去，要不然就迟到了。"可是当我买了一杯麦当劳咖啡或7-Eleven 咖啡的时候，我的同事就会跟我说："Peter，赶紧喝完，要不然洒了就不好了。"你会发现，麦当劳、7-Eleven 的咖啡上不了楼，可是星巴克的咖啡可以。

我后来仔细观察了一下，发现在渣打中国同事的办公桌上，除了星巴克的咖啡，还有可口可乐和百事可乐，它们也可以上楼。那我就觉得有意思了，星巴克的咖啡要三四十元一杯，但可口可乐、百事可乐只要三四元一罐，可是麦当劳、7-Eleven 的咖啡，它们好歹也要一二十元。

你会发现，贵的可以上楼，便宜的也能上楼，可是唯独就一二十元中间价格的上不了楼，大家知道是为什么吗？重要的原因就是可以便宜，但必须是大品牌，不能是“货”。

星巴克和可口可乐、百事可乐能上楼的原因就是它们是各自行业、各自品类的老大、老二，可是麦当劳、7-Eleven 的咖啡却不是。麦当劳做汉堡出名，7-Eleven 是便利连锁店，而它们的咖啡就没有那么出名了。

其实，消费者买便宜货的时候，他知道自己是买了什么的。同样，消费者买贵东西的时候，他也明白自己是买了品牌。

有人说消费者喜欢便宜，所以我们要把价格做得低一点，这个理念是不对的，消费者不是喜欢便宜，而是喜欢占便宜。比如星巴克的咖啡如果卖 15 元一杯的话，我估计能卖爆，那瑞幸咖啡的压力就会很大。同样，茅台如果卖到 500 元一瓶，你想象一下那会是一个什么样的场景。再说一遍：**消费者不是喜欢便宜，而是喜欢占便宜。**

那高价可以成为差异化吗？答案是可以。高价是很好的差异化，比如华为推出的“非凡大师”，比亚迪推出的仰望 U8。高价是心智高度认同的差异化。

我们来讲一个公寓行业的案例——方隅公寓。方隅公寓做了中国第一个高端公寓。方隅公寓的战略是什么呢？“高档一居，租方隅。”

方隅公寓是在中国公寓市场中第一个明确提出“高端”定位的，它放弃了中低端，专注于高端公寓。

同时方隅公寓只做一居室，为什么只做一居呢？因为调查显示，租公寓的用户，80%以上是租一居，租两居、三居的很少，方隅公寓战略性放弃了两居、三居，它对外只诉求一居，让自己变得更聚焦。

把拳头收紧，把资源收回来，朝着高档一居的方向打出去，方隅公寓取得了很好的发展。

今天，方隅公寓在全国高档公寓市场中获得了领先地位。

第二，产品质量。产品质量很难成为差异化。有多少人能喝得出哪一杯是茅台，哪一杯是雄正？大多数人喝不出产品的质量，我们唯一喝得出的是产品的价格。

今天的商业竞争，是一场认知之战，不是产品之战。大家一定要记住：**认知大于事实。**

比如，在中国人的心智中，太阳是红的。可你去仔细观察一下，从朝阳到夕阳，并不像我们想象的那样红。中国的古词讲残阳如血，可是你去看看夕阳，它是橙红的。那又怎么样呢？在中国人的心里，太阳就是红的。

又如，一个人走进一间家具店，他一闻：“嗯，这里有味道，有甲醛。”可是你知道吗？甲醛是无色无味的。

所以，在定位的世界里，我们经常讲的一句话就是“事实不重要，认知很重要”，你要营造的是消费者对你品牌的认知，而不是讲产品、说质量。

最好的战略就是把认知当事实。

第三，优质服务。此路可能不通。重要的原因就是服务有两大软肋，一是容易被复制，二是会抬高成本。“5+2”“白加黑”、7×24 小时手机在线，意味着你需要强大的服务团队，你会抬高服务成本，除非你可以把服务成本算在价格里，把它卖出去。

海底捞以服务好而见长。注意一下，海底捞的火锅并不便宜，也就是说，你在海底捞排队时吃的水果、喝的饮料，其实它们都被算进人均客单价里了。

所以，如果你可以把你的服务成本算进你的价格，那么服务可以成为一个差异化。即便如此，我也不建议。还是那句话，服务很容易被复制，服务会抬高成本，这是服务的致命伤。

第四，产品齐全。这一招也很难管用。

2005 年，赶集网成立，它的战略是“赶集网，啥都有”。2015 年赶集网跟 58 同城合并。合并后的赶集网独独分离出了一个二手车事业部，并且给它取了一个独立的名字叫“瓜子”，瓜子二手车今天成了“独角兽”。

你会发现一个很有趣的现象，就是赶集网没有大火特火，可是脱胎于它的瓜子二手车成了线上二手车的翘楚。这就是定位说的局部大于整体。

核心是什么？核心是做多不一定赢，做少常常行。

少即是多，多即是少，这是定位经常讲的一个理念。因为通才型产品很容易被专家攻击。比如，人们要去找房，可能就会去房天下；人们要去看车，可能就会去汽车之家；人们要去招聘，可能就会去Boss直聘、前程无忧等。

所以，产品齐全也有两大软肋，一是很容易被复制，二是很容易受到专家品牌的攻击。

第五，广告创意。广告创意是饥饿经济时代留下的一个产物，广告创意很难成为差异化，消费者根本记不住。

中国第一款果乳饮料是小洋人妙恋，是2012年推出来的，它的广告词是“妙恋，初恋般的味道”，这种创意性的广告消费者不容易记住。很快，果乳饮料就被娃哈哈看中，娃哈哈迅速推出了营养快线，一度成为娃哈哈集团卖得最火的单品，卖过近200亿元的年销售额。

那么营养快线又是怎么说的呢？它说“营养快线，15种营养素一步到位，早餐喝一瓶，精神一上午”。娃哈哈的营养快线构建了一个场景，就是早餐，并且告诉你15种营养素一步到位。

显而易见，营养快线比小洋人妙恋更能精准地打进消费者的心智，所以它获得了巨大的成功。这就不禁让人唏嘘，作为先驱，小洋人妙恋没有赚得最大利益，后来者营养快线却拿到了最大的蛋糕。

这九招可制敌

怎么样可以一招制敌，战胜挡着我们发财的那个竞争对手呢？定位有很好的总结，我们称之为九大差异化方法，也就是说，不是只有一个方法，而是有九个方法可以完成与竞争对手的差异化。

我把这九个方法分成三大类：

与地位有关的：成为第一、领导地位、市场专长。

与感知有关的：传承经典、热销流行、最受青睐。

与产品有关的：拥有特性、制作工艺、新一代。

1. 与地位有关的三个方法

第一，成为第一。第一个以新概念、新产品或者新利益进入心智，会有巨大的优势。

为什么第一总是能保持领先呢？因为人们相信第一是原创，是正宗，其他的都是冒牌货，而且原创意味着有更多的知识、更高的专业化程度。

比如，可乐的发明者可口可乐，第一个搜索引擎谷歌，第一个中文搜索引擎百度，第一个线上支付平台支付宝。

在定位的世界里，我们经常讲的一句话就是**“成为第一，胜过做得更好”。**

前述章节我讲过的云澜湾女人温泉，是中国的第一口女人温泉，这是它能够取得好业绩的保障。

这里要特别提醒的是，要成为心智中的第一，而不是市场上的第一。

如果你没有进入消费者的心智，那你不是真正的第一。就像小洋人妙恋，它是第一个推出果乳饮料的国产产品，结果营养快线迅速反超，成为最大的赢家。

你知道这意味着什么吗？这意味着模仿者可以成功，谁先进入心智谁就能获得成功。事实不重要，认知很重要，在定位的世界里，永远记住认知大于事实。

第二，领导地位。当你是老大的时候，消费者就会相信你说的一切话，就会觉得你很好，因为我们尊敬并且仰慕老大。所以，茅台说“国酒茅台”时，有很多白酒品牌提出抗议，原因就是“国酒茅台”是一个非常强大的差异化，也是很好用的一招。特劳特说过，“领导地位”是所有打败竞争对手的招数里最有效的。

2002 年，定位开始走进中国，经过 20 多年的市场普及，现在很多企业都已经走进了定位的世界。我们从 2008 年开出第一堂定位课到现在已经整整 15 年了，这 15 年来已经有超过一万名企业家走进了我们的定位课堂。如果加上沙龙，再加上线上传播，走进定位的人早就破百万了。

要纠正的是，今天有很多品牌动辄就诉求自己是领导者或开创者，这其实并不一定是一个好战略。

那么领导地位在什么时候用效果最好呢？在两强胶着时，领导地位是最好的利器。

如果竞争对手的销售额都没有老大一半多，那么老大千万不要用领导地位封杀。老大一般有两个作用：一是封杀竞争，就像香飘飘封杀优优优；二是引领品类发展，老大应该引领品类所有小兄弟去和品类外的对手展开竞争。

这就好像茅台在酱香酒的世界里遥遥领先，茅台一年能卖1000多个亿，第二名才卖到百亿，只有茅台的十分之一。所以，茅台千万不要封杀酱香酒的竞争对手，它应该引领酱香酒兄弟，去告诉消费者喝酒要喝酱香酒，这才是茅台作为老大应该做的大战略，这样就可以把整个酱香酒品类做大，酱香酒品类做大的最大受益者自然还是茅台。

在定位中国行的20多年里，我还发现一个有趣的现象，就是有很多小品牌，它们可能开创了一个新品类，很喜欢用“某某品类开创者”来定位。

其实这并不是一个好战略，因为它们太小了，刚刚开创一个新品类，就告诉消费者它们是这个品类的开创者和领导者，这毫无意义。

恰恰相反，新品类的开创者应该告诉消费者，为什么要买这个新品类。所以，它们最好的方法是告诉消费者新品类的利益点，这是吸引消费者购买的一个好战略。

领导者封杀竞争对手的一个典型案例就是方太。当年方太就是用“高端厨电的开创者和领导者”的定位战略封杀了西门子厨电，成为中国厨电的领军品牌。

第三，市场专长。市场专长就是做专家，聚焦做一类产品，因为人们相信专家。

唯品会是中国线上品牌第一个走进定位世界的。2013 年，唯品会开始诉求“一家专门做特卖的网站”，它放弃了很多频道，以专家的身份专门做特卖，结果获得了巨大成功。

2012 年 3 月，唯品会在美国纽交所上市。两年后，唯品会市值百亿美元。

在饱和经济时代同质化大生产的今天，绝大多数中小企业都有一个最佳的战略路径，就是把自己打造成专家。也就是说，企业千万不要做成一千米宽、一米深。恰恰要反过来，**企业要做成一米宽、一千米深**，这样企业才能获得长足的发展。

这样的案例在定位走进中国的这 20 多年里比比皆是，有太多的专家品牌获得了巨大成功。比如在餐饮行业里，西贝专注于做西北菜，老乡鸡专注于做鸡汤快餐，炖小白专注于做鱼汤面。

唯品会的成功还给了我们另一个启示，就是不管是线上还是线下，不管是工业品、农业品还是服务业，不管是 to B 还是 to C，也不管产品是有形的还是无形的，只要有竞争对手，只要想解决竞争的问题，都适合用定位。

定位与产品、服务和行业无关。定位最大的作用就是解决竞争，打败对手，让消费者买你而不买你的同行。

2. 与感知有关的三个方法

第一，传承经典。经典可以分为两种，一种叫时间经典，另一种叫空间经典。

比如国窖 1573 就是一个很好的时间经典案例，它告诉你它的窖池已经有 400 年以上的历史了，所以你会觉得它值得信赖。

又如，我们一般相信绍兴的黄酒会比较好，涪陵的榨菜会比较好，郫县的豆瓣酱会比较好，广西的荔浦芋头会比较好，勐海的普洱茶会比较好，这些都是空间经典。

当然，从全世界来看也是这个道理，比如缅甸的玉，南非的钻石，俄罗斯的伏特加和鱼子酱，法国的香水和葡萄酒，意大利的服装设计，瑞士的手表，德国的啤酒，我们会认为它们都很不错，这都是空间经典。所以，利用空间经典是一个很好的打赢竞争的战略。

在时间经典的战略中，我们讲一个来自浙江温州的品牌：春光五金。

春光五金创建于 1997 年，专注于门窗五金 27 年了。

门窗五金的技术最早是 20 世纪 30 年代由德国、美国、英国研制的，它们最先研制出了铝合金门窗。50 年代德国研发了塑钢门窗，70 年代欧洲研发了断桥铝门窗，80 年代美国、日本、德国开始普及铝合金门窗。

20 世纪 90 年代塑钢、铝合金技术引入中国。2000 年以后，中国现代门窗技术开始普及。来自温州瑞安的春光五金早在 1997 年就正式注册成立了，它是中国迄今能够查到的最早的专业门窗五金公司。

春光五金有一个最大的特色，就是“它是做门窗五金起家的，迄今也一直在做门窗五金”。

我们从大量的消费者调研来看，消费者谈到门窗五金时，对春光五金有一个共同的认知，就是“老品牌，历史长”，这一点是它的竞争对手所不具备的。我们调研还发现，消费者对春光五金的认知除了时间长以外，还有接近一半的认知是“它是做门窗五金的”。

调研还显示，所有行业其他品牌中没有一个是专注在门窗五金的，它们多半是做幕墙五金或者是做胶条起家的。

春光五金的战略显而易见，那就是“春光五金，27 年专注门窗五金”。

这个战略很好地和它的竞争对手做了区隔，“春光五金是行业最早成立的，这 27 年来一直专注在门窗五金，是门窗五金行业的专家”，这会很好地赢得消费者的关注和认同。

同时，有了 27 年的时间经典，消费者自然会想：“哇，它是行业第一批做门窗五金的，这么多年一直专注做门窗五金，质量一定好。”

在空间经典上，也有一个很好的案例，就是来自绍兴的会稽山。

2008 年，会稽山打出了一个定位战略，就是“会稽山，绍兴人爱喝的绍兴黄酒”，当年就获得了巨大成功。

成功的原因在于，在消费者的心智中，绍兴人更懂黄酒，绍兴人爱喝的绍兴黄酒就是好黄酒。对于绍兴以外的消费人群来说，当他们知道绍兴本地人更爱喝会稽山以后，对会稽山的信任度自然就会增加，会稽山就会大概率地成为他们购买黄酒时的首选。

遗憾的是，2009 年会稽山放弃了这个战略。

如果这个战略能持续到今天，一定会对绍兴黄酒做出巨大的贡献，因为“绍兴人爱喝的绍兴黄酒”会促成会稽山的业绩快速增长，而绍兴黄酒的领导者古越龙山一定会奋起反抗。古越龙山一定会找到新战略反制会稽山，会稽山肯定还会打回去。这样两大品牌的竞争就会像百事可乐和可口可乐一样，越打越激烈，越打越大。

想象一下结果会是什么？就是在黄酒的世界里，会稽山和古越龙山越打越大，然后黄酒这个品类就会越打越大，可能整个行业就会从百亿级走向千亿级规模。

黄酒是一个非常好的、有中国特色的滋补类酒。遗憾的是，到今天整个行业并没有做得特别大，其中一个很重要的原因就是缺乏品牌的激烈竞争。大品牌、大竞争，会成就大品类。

亲爱的读者，我们大家来讨论一个专业问题，如果会稽山重启“绍兴人爱喝的绍兴黄酒”战略，如果你是古越龙山的战略顾问，你会帮古越龙山制定什么战略来反打会稽山呢？如果你对这个话题有兴趣，可以私聊我，或者我们见面聊。

扫描回复“品类”
与顾均辉交流定位

第二，热销流行。一旦你的产品火起来了，那你就应该让全世界都知道。想想你是怎么走进电影院看《战狼 2》的，你是怎么走进电影院看《流浪地球 2》《消失的她》《孤注一掷》的，想想你为什么会去看《狂飙》。

这里有一个最大的心理因素，就是人们喜欢追逐热点，所以你的产品一旦卖火了，你就可以告诉全世界，而且这个“火”不一定要全年火，也不一定要半年火，也不一定要一个月火，甚至不一定要一个星期火,这个“火”可以是任何时间段火,你可以随意截取一个时间段。比如说某年某月的几号到几号，甚至上午的几点到中午的几点都可以，你哪段时间卖得火，你就可以把它截取出来，最重要的就是一定要加大力度把它传播出去。

电动车行业的雅某就是因为热销流行获得了巨大的成功。

雅某是 2009 年电动车行业第一个走进定位的品牌，销量达到 100 万台销量的时候，雅某就通过广告告诉全国的消费者，它卖得很火。雅某诉求是行业的领先品牌。虽然 2009 年的雅某可能只是全行业的第五六名，当年的爱某等品牌的销量可能都在它的前面，可是消费者并不知道。

大家千万不要掉入“从业者陷阱”。作为从业者，我们常常知道行业的真相，可是消费者并不知道谁是老大。

雅某第一个走进了定位的世界，它知道热销流行是一种很好的可以走进消费者心智的大招，于是它采用此战略，就是告诉消费者它卖得很火，结果一举成名。

2017年，雅某登上了行业冠军的宝座。一直到今天，它都是这个行业的领先者。

电动车行业今天已经越来越高度集中化了，雅某几乎占了这个行业的30%，爱某占20%，台铃占15%，三家加起来几乎占了行业的65%。

行业的集中度还在不断向头部集中，这是一个竞争空前惨烈的行业。其实各行各业最终都会像电动车行业一样走向头部集中，只是集中度不同而已。

所以，尽快在窗口期关闭前成为行业老大，或者成为细分行业的老大，这样才有希望基业长青，才有希望穿越企业的生命周期，让自己的企业长青百年。

第三，最受青睐。最受青睐是指人们通常会观察别人认为什么是对的，然后以此来决定自己做什么是正确的，也就是人们通常会看别人做什么来判断自己该做什么，别人会深刻地影响着自己。

利用最受青睐作为差异化，就是要向潜在消费者提供别人认为什么是对的信息。

大家可能已经注意到，这些年SUV越卖越火，近十年变成了一个大赛道。可是你仔细想一想，如果你生活在城市，SUV，特别是四轮驱动的SUV，其实并不是一个很好的选择，因为SUV一是耗油量大，二是底盘高，转弯还不能太急，三是自己开SUV还挺舒服，乘坐SUV却是一场灾难。

那为什么那么多人买 SUV 呢？就是因为很多人都在买，我们受别人的影响，结果 SUV 就越卖越火。

我们常常以为是自己做的决定，实际上并不是，别人会对我们产生深刻的影响。当然，我们希望这个别人是一个高势能的别人，势能越高的别人影响力越大。

从这个角度上来讲，如果有大企业家或大人物到你的城市，甚至去你的工厂，一定要善加利用，一定要把这个消息传播出去，这会给你的品牌带来巨大的光环。

我们在餐厅里经常会看到这种光环。比如你走进一些餐厅，你会发现餐厅老板常常把那些知名的演员或者知名的企业家到餐厅吃饭的合影贴出来，其实他就想告诉消费者，这么多有名气、有光环的人物来到我这个餐厅，说明我这个餐厅很好。他就是在利用这些人来传播它的品牌，这是一个很好的战略。

这里要稍微提醒一下，当我们执行最受青睐战略的时候，一定要注意这个“别人”是要相匹配的。

比如，有一个做运动鞋的品牌，它请某著名跳水运动员做代言人，这就不是很合适，虽然这名跳水运动员在中国家喻户晓，但显而易见她比赛时是不穿鞋的！

如果我们想利用他人给自己的品牌增加光环，一定要注意这个人要和我们的品牌和产品相匹配。比如姚明，他最好代言什么？就是篮球鞋、篮球服，这才是与他最匹配的代言。

3. 与产品有关的三个方法

第一，拥有特性。以某个特性推而广之，可以令一个人或者一个品牌独一无二。

比如一提到玛丽莲·梦露，你会想到性感。但我要提醒你的是，特性并非生来平等。比如我问你一个问题，你觉得男人最好的特性是什么？是高大威猛、帅气，还是温柔体贴、善良，抑或是有钱？我想每个人都有自己的答案。

那女人最好的特性是什么呢？是温柔体贴，还是漂亮，抑或是善解人意？相信每个人还是都有自己的答案。

特性并非生来平等，我们要找到一个最佳的特性，这时聚焦就是关键了。

最有效的特性是简单的，并且以利益为导向，可以拉动销售。

比如，凉茶可能有很多个特性，可以降暑祛湿、解毒败火，但最终它聚焦在败火上，“怕上火，喝王老吉”。特性并非越多越好，有一个有效的特性就够了。

这个有效的特性要足够简单，消费者一听就能明白。

王老吉为什么不选择祛湿？一个很重要原因就是北方人没有湿的概念，北方人只理解什么是干。

那为什么不能讲解毒呢？凉茶它是有解毒特性的，可是为什么不能诉求这个呢？大家想象一下，如果你喝了一杯饮料，它的特性是解毒，那多可怕呀！所有看到你喝这杯饮料的人都会问你哪儿中毒了。

这就是我们讲的如果它不能拉动销售，它就不是一个好的特性。

在对众多特性进行筛选时，聚焦是关键，最有效的特性是简单的，并且以利益为导向。

“利郎 简约男装”走的就是简约这条大赛道。

自 1840 年以来近 200 年间，在服装行业的发展过程中，曾经有过无数的视觉风格，比如简约风、奢靡风、复古风、潮流风等，但仔细观察你就会发现，不管时代怎么变迁，简约风始终贯穿近 200 年。

利郎创立于 1987 年，是中国第一个商务男装的倡导者。

2002 年利郎首次提出“简约不简单”战略,迄今已经有 20 多年了。利郎始终把简约特性贯彻在自己的品牌战略中，获得了长足的进步和巨大的成功。

2022 年，利郎升级战略为“利郎 简约男装”。

利郎旗下目前有两大系列，一个是利郎 LILANZ，另一个是利郎 LESS IS MORE。

利郎 LILANZ 是利郎的主系列，利郎 LESS IS MORE 是利郎的年轻系列。这两大系列都从头到尾贯彻简约的风格调性，而且开创性地从色彩、图案、面料、版型、剪裁、款式六个维度来实现简约。

同时，在简约男装这个品类下，利郎执行了大单品战略。

比如，利郎的耐洗衬衫可以 30 次机洗平整如新；它的 3D 立体裆长腿裤更显腿长；它的拒水羽绒服可以放心机洗，快干蓬松；它的四面弹牛仔裤，穿上不仅有型，还不紧绷。

利郎聚焦简约，开创简约男装，使利郎获得了长足进步，展现王者气象。

利郎聚焦简约，开创简约男装，使利郎获得了长足进步，展现王者气象。

利郎的库存几乎为零，在服装行业简直少之又少。利郎回款顺畅，现金流充沛，步入了高质量的发展轨道。

如果利郎保持战略的可持续性并时刻关注竞争环境的变化，我相信利郎很快会实现中国男装走向世界的宏伟目标。

第二，制作工艺。一个好的制作工艺也是一个可以打动消费者心智的大招。

在产品的生产过程中，常常会有一些神奇的成分。比如佳洁士推出的含氟牙膏，那氟到底是什么？其实很多人并不知道，可是没关系，我们会觉得它很酷。比如索尼推出的世界上第一台特丽珑（Trinitron）彩色显像管电视机，特丽珑是什么？很多人不知道，可是没关系，我们同样会觉得它很酷。

说说古岭龙，来自广西柳州的保健酒。它的制作工艺就是陶缸浸泡，泡足 360 天，这是它很明显的差异化。古岭龙的浸泡工艺也很讲究，动植物分开，真材实料，还原最古朴的制酒工艺，在今天大多数都是科技制酒、钢罐制酒的大环境下，古岭龙的传统陶缸泡酒显得独具一格。

古岭龙的杯型也是独创的，75ml 一杯，明显区别于竞争对手的 125ml，在市场上的辨识度也很高，“差异化、差异化、差异化”处处彰显在古岭龙。古岭龙在两广地区畅销了三十多年。

这里我提醒一下各位读者，不要以为只有工厂才有制作工艺，其实很多服务行业也有制作工艺，比如教育类培训机构，教音乐、唱歌、跳舞的行业，都可以把教学流程演变为制作工艺，这一点特别重要，很多教学工作者有很好的流程，可是并不知道怎么做。

这里我分享给大家一个简单有效的方法，叫做制作工艺四步法：

第一步，找出制作工艺或服务工艺的一个独特技术。

记住，只要是消费者不知道的技术就是独特技术。独特技术是从消费者认知层面上来看的，而不是从行业认知来看，要找出一个消费者不知道的独特技术。

第二步，给它取一个名字，把它包装成一个神奇成分，就好像含氟牙膏的“氟”一样，这样它看起来就会与众不同。

第三步，最好是可以注册的，有专利的加持会更好。

第四步，一旦找到它，就要不遗余力地把它传播出去。

制作工艺一旦确定，就要保持战略定力不动，做时间的朋友，这样品牌才能进入心智。

第三，新一代。其实，超越竞争对手最好的战略不是推出更好的产品，而是推出更好的新一代。

“新”才是战胜对手的最佳战略，“新”才是关键。

台铃在这方面就做了大胆的尝试，获得了很大的成功。

在电动车的世界里，雅某第一个走进定位的世界，它用“热销流行”战略在2017年奠定了行业老大地位，爱某紧随其后，作为行业排名老三的台铃该何去何从呢？这是摆在台铃面前的一个巨大挑战。

台铃最成功的地方就是它从2006年开始专注于长续航、跑得更远这个赛道。

在电动车这个赛道上跟“雅爱”竞争，显然台铃要付出很多战略资源，这并不是台铃想要做的，它也不应该跟这两大品牌打阵地战，所以台铃非常巧妙地打了一场行业侧翼战。

台铃连续17年专注长续航核心科技，它的续航能有效提升10%以上，动能转化率高达90%以上。它还是中国电动车行业节能标准的唯一起草单位，台铃首创了电池、电控、电机三电一体体系，这为台铃的长续航打下了坚实的基础。

台铃还是长续航世界纪录的保持者。据吉尼斯世界纪录记载，台铃一次充电可以行驶656.8公里。所有这一切构成了台铃精彩的侧翼战战略，就是避开电动车常规赛道，专注在长续航电动车这个细分赛道。

聚焦使台铃获得了快速成长。2022年台铃年销售量迅速增长到近800万辆。

台铃长续航电动车战略给我们带来的启示，就是在行业老大给我们造成巨大竞争压力的情况下，老二以下品牌完全可以另辟赛道，打一场侧翼战，躲开老大的战略压力。

通俗地讲，就是台铃不做传统电动车了。如果你要买一辆普通电动车，你可以找雅某、爱某。但如果你要买一辆长续航电动车，那么你可以找台铃，台铃长续航电动车跑得更远。

专注掌握长续航核心科技，中国电动车行业节能标准唯一企业起草单位，长续航吉尼斯世界纪录656.8公里的保持者，这一切让台铃在长续航电动车赛道上越走越坚定，路越来越宽阔。我相信，台铃的长续航电动车战略终将走出一条企业基业长青的康庄大道。

因为所有买电动车的消费者，最大的焦虑就是续航问题。显然，台铃在这个赛道上优势明显。

到这里，我就把九个差异化方法全部给读者做了一个梳理和分析。在我们熟练掌握这些方法后，大家就可以根据行业竞争的情况，根据对手的情况，适时地制定出基于竞争、基于对手的战略。

其实，九个方法中每一个都可以给企业带来差异，但最终要选择哪一个，不是取决于企业自己的优势，也不是取决于企业领导者的喜好，而是取决于竞争对手，取决于那个挡着你发财的人，我们要针对竞争对手制定完全不同的企业战略，这才是最正确的战略打法。

03
第三步，设计信任状：让消费者快速相信你

在我们找到那个挡着我们发财的人，并且基于他制定了自己的企业战略以后，接下来的工作就是要设计信任状。

为什么要设计信任状？

有一个很重要的原因，就是当消费者看到一个新的品牌，或者看到一个新的产品的时候，消费者常常会选择不相信、不信任，信任状在这时就起到特别关键的作用。

什么是信任状？简单地说，就是能让你相信某事或某物的东西，也就是我们通常讲的背书。

先给大家讲个小故事，也许就能深刻理解信任状了。

2006年，我去北京建立了渣打银行北方第一家支行——北京燕莎支行。

在银行开展业务的过程中，我发现有一个巨大的挑战，就是“渣打银行”这个名字。很多潜在顾客会提出一个很有趣的话题，他们说“渣打银行，这是一家什么银行啊！”，这真是让人哭笑不得。

渣打银行是一家历史悠久的银行。

1853 年诞生，1858 年进入中国，渣打银行的中国区总部在上海，当时渣打银行主要网点都分布在华东区和华南区，还没有在华北区开出一家支行，所以华北区的顾客对渣打银行的确不太了解。

怎么破局，怎么打开工作局面呢？走进定位世界的我迅速地意识到，这是要在认知的沙漠上建立渣打北方区。

在这之前，我们的同事会耐心地告诉顾客，渣打银行是英资银行，总部设在英国伦敦等，但这么介绍效果并不如想象的那么有效。怎么办？

我加入渣打中国以后，只用一招就轻松化解了这个难题。

2006 年，香港有两家外资银行作为港币的发钞行，一家是汇丰银行，另一家就是渣打银行。我向香港渣打银行做了一个申请，调了一批 20 元面值的港币到北京市场。

港币到位以后，我迅速给银行的每一位销售人员发了一张，让他们放进自己的钱包，以后见到顾客说的第一句话就是“渣打银行和汇丰银行一样，都是港币的发钞行”，这瞬间就能化解顾客的疑虑，胜过千言万语。

大家知道这其中的玄妙在哪里吗？

一个原因是，在 2006 年的中国市场，港币的发钞行是值得信赖的。

另一个原因是，我关联定位了汇丰银行。为什么要关联汇丰呢？因为渣打银行当时在中国内地还没有人民币牌照，只能做外汇生意，办理外汇业务的北京顾客基本上都知道汇丰银行。

关联汇丰银行就可以迅速告诉我们的潜在顾客，我们和汇丰银行一样是值得信赖的。

所以，戏剧性的一幕开始了。当我们的潜在顾客知道渣打银行和汇丰银行都是港币的发钞行后，他们的反应居然是："哦，怪不得嘛，渣打银行一看就是外资银行。"

你看，如果没有这张港币做信任状、做背书，人们就会把渣打银行解读为不信任。渣打银行发行的这张港币一拿出来，人们就会迅速打消疑虑，并且认为它是一家外资银行。

这就是我们讲的心智之战。什么叫定位？定位就是在心智中创建或重组一个认知，通俗讲就是好好聊天，好好和顾客说话。

取得了顾客信任的渣打银行华北区果然在随后几年取得了长足的进步。短短三年的时间，我们就在北京、天津、大连、青岛等地连续开出了 12 家支行，获得了快速增长，做出了华北区应有的贡献，为渣打中国零售银行业务打开了局面。这就是信任状的巨大作用。

信任状主要有三种类型：

第一，第三方证明。例如，行业协会、中华老字号、非遗等，都是很好的第三方证明。需要提醒的是，第三方证明一定要有权威性。很多企业的广告会说，"我爷爷都说我的产品好"，或者"我奶奶都说我的产品好"，这并不是一个很好的信任状，因为"爷爷奶奶"没有公信力。

第二，产品本身。产品本身也可以是一个很好的信任状。

例如，如果你要买一辆四轮驱动汽车，斯巴鲁就可能有一个很好的信任状，因为它只做四轮驱动。来自杭州的新丰小吃，它只做小吃，这也是一个很好的信任状。来自青岛的点石制笔，它只做笔，这同样是一个很好的信任状。

第三，既有认知。我们通常认为法国的葡萄酒很好，中国的丝绸很好，这就是典型的既有认知。我们再拓展一下，中国有很多很好的既有认知被全世界认同，比如中国的陶瓷、茶叶、白酒，还有中医中药、中华美食等。

如果你在这些行业，一旦你成为行业的代表，或是细分行业的代表，那么你走向世界就很容易被全世界人民所认可。从这一点来说，我们经常讲民族的就是世界的，在这些行业做好你的品牌，你就有机会走向世界。

信任状要怎么用呢？有两个关键点：

第一，有效的信任状一个就够了。

信任状并非越多越好。比如，庆丰包子只要说大领导都来庆丰吃包子，你说这个信任状够不够强大？

第二，信任状一定要支持差异化。

以雄正酱香酒为例，它的差异化战略就是“雄正，酱香酒本来的味道”，它的信任状是什么呢？仡佬族非遗传承人酿造。而公元前135年，仡佬族酿出了第一坛酱香酒，雄正是仡佬族传承下来的一瓶酒。

所以，信任状一定要支持你的差异化，这一点要千万注意。

下面我们来讲一讲如何设计信任状。很多人走进定位世界以后，常常会说：“我们这个品牌没有什么信任状，怎么办？”

其实，只要你有了信任状的概念，同时你有了信任状是可以设计的认知，那么仔细观察，机会常常就会出现。比如第一个走进定位世界的劲霸男装就设计了一个很好的信任状。

2006 年是中法文化交流年，劲霸参加了法国卢浮宫展览，它写了一个很好的品牌故事：“劲霸男装，唯一入选法国巴黎卢浮宫的中国男装品牌。”这就是一个非常强大的信任状。因为一般我们会认为，在服装的世界里法国是一个势能高地，能够去法国卢浮宫参展，消费者都会认为这是一个了不起的光环和成绩。

这说明，巧妙地利用各种可能出现的机会去设计信任状，是一个提升品牌势能的好战略。

当然，信任状也可以主动进行设计，在实战中我们有很多这方面的案例。如果广大读者对这个话题感兴趣，可以私信我，或者走进定位实操课堂。

扫描回复“信任状”
与顾均辉交流定位

04
第四步，精心策划：你看到的都是我想让你看到的

知道了谁挡着我们发财，就完成了第一步；基于竞争对手我们制定了强大的定位战略，就构建了第二步；设计完成品牌信任状，就走好了第三步。

最后一步就是在企业的实际运营过程中，在产品、价格、门头设计等多方面精心展现。

下面我们就以甘其食为例，把这四步完整地串联起来，借此告诉大家，在企业的实际运营中具体怎样做好我们的配称，即运营动作。

2011 年，我遇见了甘其食。甘其食是一个包子铺连锁品牌，它当时在杭州开了 20 家店，在上海开了十几家店。中央厨房在上海，因为创始人是在上海读的书，所以他最初十几家店是开在上海的。

后来，甘其食在定位的护航下，只用了短短 13 个月的时间，就取得了销售业绩翻三番、估值翻六番的好成绩。这一切是怎么取得的呢？

我们就用甘其食来全程演示一下如何运用四步做到一个细分市场的老大。

第一步，找到那个挡着你发财的竞争对手

甘其食在上海、杭州两地都有包子店，上海有十几家，杭州有 20 家。通过市场调研，我们发现甘其食的主要竞争对手就是来自上海的巴比馒头、食在高包子铺，还有南京的青露馒头，以及大量的夫妻店。

第二步，九个差异化方法，甘其食采用“最受青睐”

甘其食的品牌故事是这么表述的：

杭州沿街小铺
排队购买的，不是火车票
是甘其食的包子
好吃，当然更受欢迎
甘其食，最受杭州市民喜爱的鲜汁肉包

这个故事源自我看到的一个微博，一位网友把自己的一段经历发上了微博。

他的经历是这样的。甘其食在杭州下沙有一个店，队伍排得最长的时候超过 400 米，这个网友当时正着急想买一张火车票，当他看到这么长的队伍时，他就以为是卖火车票的。

2011 年，买火车票没有现在这么方便，甘其食这家店的销售火爆，让他误以为是卖火车票的，就站在队伍的最后面排队。

结果一个小时过去了，他来到了队伍的前面，发现不是卖火车票的，而是卖包子的，他就买了两个包子。他很感慨地在微博上说：“大家以后要注意了，在杭州如果你在沿街铺面看到排长队的，不一定是在买火车票哦，有可能是在买甘其食的包子。”

最后，他对甘其食的结论是包子好吃。

为什么？因为如果排了一个多小时的队，结论是包子不好吃，那就不是包子有问题，是人有问题了！

这是一个很有趣的花絮，在这里我们找到了区别于竞争对手的大招，即让消费者买甘其食而不买竞争对手的理由——“最受杭州市民喜爱的鲜汁肉包”。

第三步，设计自己的信任状

2012 年，杭州市餐饮旅店行业协会举办了全市包子大评比，经过激烈的角逐，甘其食拿到了其中的一个奖项——“最受杭州市民喜爱的鲜汁肉包”。这充分反映了甘其食包子的品质，包括它用的材料、制作工艺等。由此我们找到了自己的信任状。

第四步，展现甘其食

怎么让广大的消费者看到甘其食、记住甘其食，并产生购买行为呢？我们要做好运营动作，在广大消费者的关注下，走好企业运营的每一步。

当时，甘其食的运营动作有非常多的重大调整。下面我们一一讲解，我相信甘其食的这些运营配称会对广大中小企业有很好的借鉴作用。

第一，市场布局。甘其食当时在上海有中央厨房、十几家店，在杭州有 20 家店，这就面临一个选择：到底是继续留在上海，还是留在杭州？或者是杭州和上海都做？又或者是杭州和上海都做了以后还要开辟新的市场？怎么选择呢？为什么要这么选呢？

我在线下课堂上讲这个案例的时候，我问过很多走进定位课堂的中国企业家，很多同学给我的反馈是应该留在上海，因为上海势能高。还有人说应该留在杭州，相对来讲可能便宜一点，成本低一点。另有人说中央厨房在上海，那就应该留在上海。

我们最后的选择是回到杭州，把上海的门店陆续关掉。

虽然中央厨房在上海，但我们还是离开了上海，为什么？

不是因为成本的问题，也不是因为创始人是浙江人，最主要的原因是上海的竞争太激烈了。甘其食在上海的主要竞争对手就是巴比，它的总部在上海。巴比当时在江浙沪有 600 多家门店，它的实力是非常强大的，远远超过甘其食。

可是巴比在杭州只有20家店左右，跟我们的实力水平差不多，所以我们就撤出了上海，屯兵杭州。

这就是定位讲的，**要找一个竞争对手相对薄弱的环节去突破，而不是根据自己的喜好去做决定。**

第二，连锁方式。到底是加盟还是直营呢？我问过很多企业家，有的人说直营好，因为直营好管理；有的人说加盟好，因为加盟可以迅速扩张。

最后我们选择的是直营。选择直营最重要的原因不是好管理，而是我们的竞争对手都是加盟，所以我们就要跟它们对着干，做不一样的事情。

在定位的世界里，我们特别强调两个概念：

一是心智，它关乎认知；二是竞争，它关乎对手。

很多时候，我们的战略、信任状、运营都是围绕这两个概念展开的。

第三，市场拓展。到底是集中开店，还是逐个开店？对这个问题的讨论，市场也有两派意见：一派说要集中开店，这样市场拓展速度快。但集中开店有个最大的挑战，就是需要大量的资金，而且短期要承受亏损的压力。另一派说逐个开店，注重稳健，成熟一个开一个。但逐个开店也有它的问题，就是它的市场拓展速度太慢。

到底怎么选呢？定位的原则就是要基于竞争，因为我们的对手是逐个开店，所以我们就必须集中开店，而且要迅速地抢占杭州市场。

资金压力大怎么办？有一个很简单的方法，就是去筹资。幸亏有一个新的股东加入甘其食，他很给力，自有1000万元现金，同时拿了上海的一套房子做抵押在浙商银行贷了500万元，这样就凑到了1500万元。因为很多铺面的房租需要半年一付，甚至一年一付，所以一个22平方米左右的甘其食沿街小铺，开店的年成本大概要25万元。

甘其食在2012年一年大概开出了80多家门店，需要2000万元资金。资金来源除了这里的1500万元,还有越来越多的门店回流资金。到2012年底，甘其食在杭州已有百家门店。

第四，设计产品。产品怎么取舍呢？甘其食之前有十几种产品，最终我们选择了五种。

这五种是怎么选择的呢？二八原则。把80%对销售有贡献的产品留下，放弃其他20%的产品。为什么甘其食只做五种包子？为什么要做少？其实这一点在当时并不容易实现。

我记得当时有一个产品部经理，他特别反对甘其食只做五种包子。他说:“我们的产品本来就少，只有十几种，我们的竞争对手巴比有30多种产品。如果再砍掉一大半，那我们就几乎没有什么产品了。”但我还是坚持只做五种产品，结果这个产品经理愤然辞职。

即便这样我们依然决定只做五种产品，大家知道为什么吗？还是基于竞争，竞争对手做多我们就做少。读者朋友，大家现在应该形成一种认知了，当你和全行业做得不一样，**当你和老大做得不一样的时候，你在整个行业就会显得非常另类，很容易被消费者识别，**这是一个原因。还有一个很重要的原因，我们后面揭晓。

在产品上，除了经典的肉包，我们还设计了每月新品，就是每个月设计一个新品，不断地再去测试市场。每月新品给我们带来了很多、很好的经验积累。

举个例子，我们有一款每月新品，卖得特别火，叫“韩式泡菜包”。刚推出来时，我们就卖两块钱一个，可当时肉包才卖一块五。我问过很多企业家：“为什么韩式泡菜包推出来卖两块，肉包只卖一块五？”很多企业家的回答是：“肉包是流量产品，韩式泡菜包是利润产品。”

其实，我们当时不是这么想的。主要目的是想测试一下消费者对于两块钱一个包子的接受度怎么样，我们在测试这个价位消费者是否会买单。

很有意思的是，韩式泡菜包是我们所有包子里成本相对较低的，肉包是我们这里成本相对高的。大家有没有发现，其实定价跟成本并不是直接关联的。那怎么确定一个产品的价格呢？定价跟竞争有关，也跟定位有关。关于这一点，我在定位实操课程中会有详细的讲解。

韩式泡菜包给我们带来的另一个启示就是：我们为什么要叫韩式泡菜包而不叫泡菜包？很多同学说是因为韩国的泡菜最好。这算是说对了一半，显然我们关联了消费者心智中的认知，这有利于我们拉高认知，支持我们 2 元一个的价格。这也是今天有那么多日式、韩式产品的原因。

我们最后确定了五种包子，是鲜汁肉包、香菇青菜包、梅干菜肉包、咖喱土豆牛肉包和桂花豆沙包，外加一种高庄馒头，还有一包豆浆。我们的产品极其简单，这和我们的竞争对手形成了巨大的差异。

第五，确定产品价格。确定了包子的品种以后，我们怎么定价呢？显然，这些包子的成本是不一样的，我们应该根据成本来定价，还是统一定价呢？

最后我们选择了统一定价。你知道为什么吗？有读者可能会说，因为竞争对手都是根据成本定价的，我们要跟它们反着干，所以要统一定价。当然这一点并没有错，只是还有一个很重要的原因，我们后面揭晓。

第六，确定服务标准。如何确定我们的服务标准呢？比如见到老客户，要不要微笑，要不要打招呼，要不要寒暄？包子这个行业很有意思，吃包子的人，很多人都是重度消费者，就是喜欢这口。

我们的营业员，对很多老顾客很熟悉，但奇葩是，我们规定不准微笑、不准打招呼、不准寒暄。为什么这样规定呢？一个很重要原因就是时间管理。

包子这个行业最繁忙的时间，就是早上的两个小时，从早上六点半到八点半，或者从早上七点到九点，具体要看门店的位置。在这 2 小时 120 分钟 7200 秒的有效时间里，如何让营业员发挥最大的效率，是我们每天都要思考的问题。

我们当时的规定是每 10 秒要成交一位客人，这意味着每个早上必须成交720位客人，平均客单价是6元，早上两个小时的营业收入就是4320元，再加上上午和下午，我们一天大概能卖到5500元。

如果你打招呼，比如你说“张大姐，你好，今天衣服很漂亮”，那可能三秒6元就没有了。

我们最快的时候，3秒就能成交一位客人。当你看到一位顾客，他在收银台放下5元纸币加一枚1元硬币时，你给他两个肉包、一包豆浆，不会有错。当你看到他放下10元纸币和一枚1元硬币时，你就找他5元，给他两个肉包、一包豆浆，也不会有错。

我在南京竞争对手的门店也做了测试。我跑到南京的一家同行门店去，当排到我的时候，我说:“哇，好多好吃的，我看一下。”因为它有40多种产品，我说看一下，那个营业员就跟我说:“你看一下吧。”看完以后，我就选了四种产品，给了他20元。

很快营业员就找回了零钱，我说找错了，他就马上反驳说:“哪里错了嘛，你自己算。”结果算来算去谁错了？肯定是我错了嘛。于是我跟他说:“对不起啊，没算清楚。”

结果这一来一回将近两分钟时间就没有了。两分钟啊，你知道这多可怕，一个早上只有120分钟，如果按照这个速度，100位客人可能都服务不到，那营业收入就会大打折扣。

回到甘其食，我也在营业门店前排队。排到我时，我就跟营业员说:“哇，甘其食的包子真好吃，我看一看。”甘其食的营业员见到像我这样的顾客，你知道他们的统一回答是什么吗？就三个字:“下一个。”

当营业员喊出“下一个”的时候，我后面那个老头立即用胳膊肘把我推开了，还恨恨地说：“总共也没有几个包子，还要看看看！”这一下我的身体虽然被推开了，但心情是愉悦的。瞬间你就看出来我们跟对手的高低了吧！

这就是高阶思维对低阶思维的碾压。你现在理解为什么我们只做五种包子了吧？你现在理解为什么我们的价格每个都是 2 元了吧？你现在理解为什么我们不提供微笑服务了吧？所有的一切都是为了一个字——“快”。

你想一想，早上买包子，消费者是着急还是从容？肯定都很着急。所以，我们只提供一种服务，就是“快”！做服务行业不提供微笑服务，我们当时在杭州就是一朵奇葩，引起了关注。

第七，确定源点顾客。我们是直营店，我们的源点顾客锁定在 20 至 34 岁的年轻人，我们的营业员也就选了 20 多岁的“小仙女”“小鲜肉”，由他们来展现甘其食朝气蓬勃的一面。

和竞争对手相比，因为它们是加盟店，所以很多竞争对手的店里很多是祖孙三代，而祖孙三代展现出来的店面形象，和 20 多岁的年轻人一比，就会有几个档次的落差。

这就是为什么说一定要先确定源点顾客，然后就能很好地招聘营业员。

第八，店铺招牌。甘其食的店铺招牌，在最初的门头设计上主要有四个组成元素：一是“甘其食”品牌；二是英文 GORGEOUS；三是“精作鲜包”；四是一个 logo，是一个小工端着两屉包子，炊烟袅袅的感觉。最后我们把甘其食店铺招牌的门头减少到只剩一个 logo 加“甘其食”，把英文 GORGEOUS 和“精作鲜包”去掉了。

为什么没有必要留英文呢？因为中国品牌在中国卖给中国人，特别是这种日常餐饮产品，完全没有必要用英文，而且英文对中国的影响力已越来越弱了。

另外，就是“精作鲜包”。我问甘其食创始人有没有“粗作鲜包”？创始人说没有。那什么是“精作鲜包”呢？他只是想说包子做得很认真、很精细，这也完全没有必要。

这里还要补充几个小花絮：

第一个，“甘其食”三个字最初展现出来的时候，是变体字，很多人把它读成了“甘其原”，其实这不是一个好的设计。我们很多人在写自己品牌的时候，会做一些变体字设计，导致顾客读错，这是非常糟糕的。最好就是像“王老吉”那样规规矩矩，顾客永远不会读错，包括取名字也不要取生僻字。

有的企业家又说了，“王老吉”这个名字写得这么正规好像不酷，有点土。其实，名字酷不酷根本与它的字体没关系，而是和它的价值有关系。

如果一个品牌，告诉你它值 100 个亿，它值 500 个亿，哪怕它就写成正楷体，你也会觉得它很酷。所以，名字变体是兵家大忌。后来，“甘其原”改回到“甘其食”，让消费者更好辨识了。

第二个，尽量不要用logo。今天logo已经没有什么意义了。早期logo的存在，是因为识字的人不多，logo就是为了提高辨识度，让消费者能辨识商家是卖什么的。可是今天大多数人都识字了，完全没有必要再用logo。

仔细想一想，你能记住多少个logo？我们记得住那个打钩的耐克，可是那个打叉的是什么？我问过很多人这个问题，大多数人要想一想才能反应过来，甚至还反应不过来。你知道全世界有多少个logo吗？全世界的logo何止千万，我们能记住几个？

第三个，门头店铺招牌上出现的信息越少越好，而不是越多越好。

门头的力量是什么？门头的力量就是“只是因为你在人群中看了我一眼，我便会让你久久不能忘怀”。所以在门头上出现的信息最好就是你的品牌+品类，或者就是品牌。比如“甘其食”或者“甘其食鲜汁肉包”，只要简短地把品牌或者品类打上去，就已经可以完美地展现自己了。

第九，界定主业。甘其食在2012年成长的时间里，还是面临很多诱惑的。

比如当年杭州推广早餐车，总共5000辆，结果第一批1000辆招标时，创始人的朋友中标了。这一下创始人非常高兴，给我打电话说：“顾老师，我的朋友中标1000辆早餐车。我们把甘其食的包子放到早餐车上去卖，每一辆车不用多，每天卖100元，那都不得了，1000辆就是10万元，一年就将近4000万元的销售额。”

要知道，甘其食当时一年也就将近 4000 万元的销售额，1000 辆早餐车可以使销售额翻一番呢！如果是你，你会同意将甘其食的包子放上早餐车吗？我估计大多数人都会同意的，可是我们最终没有同意。为什么？原因就是把甘其食的包子放上早餐车会破坏甘其食的经典品相。

甘其食的经典品相是什么？

它有五个特征：第一，沿街；第二，小铺；第三，现包；第四，现蒸；第五，外卖。我们来看早餐车：第一沿街，它有；第二小铺，它没有；第三现包，它没有；第四现蒸，它没有；第五外卖，它有。也就是说，五个里面三个没有，严重破坏了甘其食的品相。

为什么我们特别在意这个？因为这一点很重要，我们要让消费者一想到甘其食，就能在心智中勾画出它的样子，一看到沿街小铺现蒸现卖，就能想到甘其食。就好像我们一看到红罐就会想到王老吉，一讲到王老吉就会想到红罐，是一个道理。

还有一次，浙江万科给了我们一个铺面，因为万科当时的总经理是甘其食的粉丝，他特别喜欢吃甘其食。万科的一个楼盘有 1000 多家住户，他们也需要为住户提供很好的生活配套。

因为甘其食的包子卖得火，所以他跟创始人说："我们提供一个 72 平方米的商铺给你，可以三年免收你租金。"这相当于每年省 50 万元，三年就省了 150 万元呢！创始人特别高兴，给我打电话说："哎呀，顾老师，这下 150 万元我们赚到了。"

如果是你，你会去吗？而且还可以做一个甘其食包子的旗舰店，可以像卖面包一样有很多货架，包子蒸出来以后直接摆到货架上，甚至还会有一些简单的餐桌椅，可以坐下来好好吃一顿。我估计大多数人肯定会干，但我们也没做。

为什么？还是那句话，它不符合我们甘其食的经典品相。你看沿街是对的，小铺就不对了，它是大铺，现包没错，现蒸也没错，可它不是外卖了，还有堂食，总之它破坏了甘其食的经典品相。

这就是品牌的力量！定位在打造品牌，不是在卖货。

甘其食就是在打造品牌。如果是卖货的话，那肯定会上早餐车，也肯定会开旗舰店。各位读者，现在大家能够理解什么叫经营品牌、什么叫卖产品了吧！两者的区别在哪里？我想大家应该有点感觉了。

第十，广告。2013 年初，甘其食在春节到来之际，在杭州的各大影院开始投广告，投放甘其食的品牌故事，这也是一件特别了不起的事情。

包子这种民生普通食品，还真没有人会在电影院、剧院做广告，结果引起了很大的轰动，也引发了很大的认同。你可能对甘其食包子做广告没有什么感受，我却有很大的感慨：甘其食通过高速成长，终于走上了品牌建设的道路。甘其食是包子行业里第一个走进院线做广告的品牌。

第十一，公关。甘其食做了很多公关动作，比如携手《钱江晚报》开展暖胃行动，帮助贫困山区的孩子；与浙江工商大学联合成立中国传统食品研究发展中心，设立了“甘其食”中国传统食品大学生创新创业大赛基金，为此每年赞助 50 万元人民币。

一个做包子的民营企业，中国最普遍、最不起眼的小企业，居然会设立基金，还得到了高等学府的认可！甘其食开创了一个了不起的事业，这也是一个了不起的起点。

第十二，推广。甘其食是怎么做推广的？甘其食当时做了一件很有趣的事儿，就是在全杭州招聘全年品尝员。

品尝员的条件是什么？就是我们的源点客户——年轻的小白领。

品尝员可以每天免费品尝两个包子和一包豆浆，可以每天到自己方便的网点去领。你觉得会有人申请吗？肯定有啊，很多人申请。

我们当时的计划就是，一年在杭州招聘几百位品尝员。大家想一想，甘其食为什么要招聘品尝员呢？这是一个很有意思的话题，我先卖个关子。

甘其食招聘品尝员，不是几百个品尝员一次招聘的，它是每次招聘 50 个品尝员。也就是说，它始终保持常年的招聘进度，这样做的目的大家应该一目了然了，就是始终保持甘其食的品牌热度。

品尝员招聘来了以后，我们带他们去参观甘其食的工厂，然后带他们去参观原料采购地，去参观门店，让甘其食的品尝员更好地了解甘其食，也监督甘其食。

大家知道所有这一切的目的是什么吗？大多数人在刚开始的时候，并不理解为什么要这么做。

2012 年甘其食成长的速度非常快，到了一个什么地步呢？就是几乎每家店门前都排队。然而，一个企业的高速成长一定会给同行带来很大的竞争压力。我们开了一个新的门店，有一次就发生了一个小事件。

甘其食店开过去以后，当地有一家小夫妻开的包子铺门店，才开一个星期，等我们开业的时候，他们就干不下去了，很快就倒闭了。结果这对小夫妻中的丈夫没想明白，就抓了只苍蝇放进甘其食的包子里，然后拍了照片上微博说“甘其食的包子里有苍蝇”。

这件事情发生以后，甘其食当然高度重视了，因为牵涉食品安全的问题，那怎么处理的呢？我们分两步走：

第一步，就是送上慰问金。

请工会主席带了 600 元现金，去慰问这对破产的小夫妻，跟他们讲初来宝地，给他们添麻烦了，真的很抱歉，慰问金送上。大家注意，这是慰问金，不是补偿金。然后跟他们讲，既然你们和我们一样，都喜欢包子，那欢迎你们加入甘其食，共同做大包子事业，为杭州市民提供更好的服务。

第二步，就是启动品尝员。

因为这些品尝员很了解甘其食，他们就迅速行动起来。有一个品尝员是这么说的：“一看就是假的，包子的肉都剁成馅了，哪里还看得出苍蝇。”

还有很多品尝员分享了他们参观甘其食看到的工厂怎么样、门店怎么样、采购怎么样、原材料怎么样，所有分享就铺天盖地地冲上了微博，负面信息很快就被更多的正面信息覆盖。当然，这对小夫妻因为感受到了甘其食的真诚，他们撤下了照片，这件事就圆满解决了。

其实，品尝员有一个很大的作用就是助力危机公关。一个企业的高速成长，往往是以同行退出市场为代价的，正所谓一将成名万骨枯。所以，高速发展企业，特别是食品企业要做好危机公关。

至此，我向大家全面阐述了一个普通的食品企业、连锁企业，它确定定位之后在运营配称上所做的系列动作。这一切都是围绕着定位即差异化展开的，和竞争对手形成了很好的区隔。

这就是定位讲的：**做跟竞争对手不一样的事，你才能打赢竞争，赢得顾客的选择。**

第七章

让竞争对手消失

先进思想对落后思想是一种碾压

01
对手强大，就贴负面标签

在定位课堂上，有一位做房地产生意的吴同学，请我做他的战略顾问，他对我说："顾老师，我们的品质比竞争对手还好，但我们看上去没有他们那么牛，怎么办？"

对手是地产前五强，在吴同学的楼盘后面2公里处开了一个更大的新盘，针对吴同学的楼盘加了一些元素，比如大门更宽、绿化更多，还有一些休闲区设计等，显然对手是琢磨过吴同学的，新盘景观给人的感觉要好些，房屋质量配置却未必有吴同学的楼盘好。

怎么盖房子，我真不懂，那是吴同学的事儿。搞定对手是我的事儿，这个我强。我跑去看了吴同学的楼盘，之后坐车围着对手的楼盘转了几圈。

外围观察了一番后，我又进对手楼盘的售楼处问了很多问题。通过仔细观察，我发现了端倪。

转圈观察对手楼盘的时候，我发现马路对面有家医院，可是很奇怪，对手售楼处在介绍五大优势的时候，居然没提医院。一般来说，离医院近是个加分项，就医比较方便嘛！

为什么明明有个好事对手不说呢？走出对手售楼处后，我问吴同学的销售："为什么对手的优势里没有提医院？"

销售说："那是家精神病医院，就在新盘马路对面。"

哦，原来如此。"附近还有什么是社会习俗不能接受的？"销售说："800米外有个火葬场。"

"到新盘看房的人，会不会到我们这边来看？"销售说："基本会看。"

我接着问："那客人看完我们的楼盘，肯定也要去看新盘，你们会怎么说？"销售回答："我们还没想好怎么说。"

好，是时候重新定位竞争对手了。

我告诉销售，以后主动介绍对手新盘给客人，反正你不说客人也会去的，这是第一；第二，说的时候最后加一句，"新盘挺好的，就是要经常关窗"。

有个销售说："其实闻不到味道的。"

在定位里有一个理念，"事实不重要，认知很重要"。今天的商战是一场认知战。农夫山泉有点甜，真甜假甜不重要，你觉得甜很重要。

不是风在动，是心在动。心智中一旦建立了负面认知，怎么闻都会有味道。

针对医院怎么贴负面标签呢？各位自行练习一下，有机会我们交流。

战争是残酷的，商业就是一场战争。残酷的是房子多，买家少。不把对手干掉，房子怎么卖啊？

02
新品牌一炮而红

一个新品牌靠定位起步，可以一炮而红。

有位学习定位的同学想做湘菜，取名“湘江南”，问我觉得这个名字怎么样。

我说不怎么样，因为模仿俏江南，给人的第一个反应是“一个山寨”。

于是我就教这位同学如何通过七步法创建一个湘菜品牌。

第一步，回到长沙。在当地找地方志，研究湘菜是怎么起步的。

第二步，查一下 1949 年以前，在湖南到底有多少湘菜品牌。把这些品牌全部列出来，看看有哪些还活着，哪些不在了。

结果一查吓一跳，他查到了 60 多个品牌。

第三步，在这 60 多个品牌里选一个。选品牌要遵循以下几个原则：

1. 做得好的不用选，太贵了；

2. 有负面认知的不要选，有风险；

3. 看哪个品牌跟湘菜发展史有关，首选高度相关的；

4. 看这个品牌有没有一个经典的历史人物；

5. 这个人物与湘菜发展史越相关越好；

6. 这个品牌或人物，越有故事越好；

7. 这个品牌最好有个代表品相，比如辣椒炒肉。

第四步，把这个品牌买下来，但不要 100% 买断，因为经典是要传承的。

第五步，回到家乡，启动公关。

讲好一个来自湖南，有百年历史、有经典人物、有传奇故事的湘菜品牌故事。故事讲好了，就会有人开车专程来点你的“辣椒炒肉”。

第六步，选址开店。可以在一个区域两店甚至三店同开，这样会有传播性。

第七步，打广告。告诉广大消费者，有故事的湘菜品牌开业了。

在你的家乡，你肯定不是第一个做湘菜的，你要思考一个问题：顾客为什么要到你这儿来吃湘菜？

有历史故事加上有代表性的菜品，就是让顾客来的好理由，这就是定位战略。

你卖的是一个品牌故事，而不是在卖炒菜。

顾客接受了你的品牌、你的故事，你的炒菜就好吃了。

定位是操作性特别强的学科，既有战略高度，又有落地实操。

有同学问，用这种方法做餐饮行，做别的行业行不行？当然行，太行了。

定位说，**成功是一场有预谋的精心策划。**

03
小品牌的逆袭之路

没有什么品牌小到不可以成长，也没有什么品牌大到不可以攻击。只要你走在一条正确的路上，几千万的销售额短短几年就可以翻十倍。

有一个非常经典的案例，它展示了小品牌如何逆袭。

在老子的故乡周口，有个品牌叫周家口牛肉，通过多年的努力，取得了长足的进步，但也面临着很大的挑战。

在周口地区还有一个牛肉品牌，为了表述方便，我们姑且称之为"周周"。它的历史比周家口牛肉更长，价格比周家口牛肉便宜，卖的量也比周家口要大，销售额已经过亿了，而周家口只有几千万。

大品牌、长历史、低价格、高销量，这场仗怎么打？

周家口牛肉的掌门人，走进了我的定位课堂。我们研究了一套打法，完全出乎竞争对手的预料，取得了较好的效果。

我去做调研时，问路边店的老板："周家口牛肉卖得怎么样？"

他说："卖得还好吧，但不如周周卖得好，人家实惠啊，周家口牛肉贵，现在的人能省几个钱就省几个钱。"

我做了大量的调研以后，又跟周家口牛肉的销售聊，我就问他：

"你们为什么卖得这么贵啊?"他说:"我们的牛肉加的汤汁少,牛肉更紧实,分量足,成本高,就要卖得贵一点。但是我们的牛肉嚼劲更足。"

于是,我做了一件事,大出销售意外。

我说:"既然贵,那咱们就干脆把贵说出来,'高档牛肉周家口,更紧实'。反正已经是贵了,市场上的认知是我们贵,卖货的老板知道我们贵,我们自己知道我们贵,竞争对手也知道我们贵,那我们就把'贵'作为一个购买理由传播出去。"

我们把"贵"作为差异化传播后,产品反而好卖了,这是为什么呢?

周家口牛肉有一个很大的市场,就是送礼市场。在送礼市场上,大品牌卖得便宜的话,那小品牌就不能卖便宜,要在卖贵上寻找突破。

在送礼市场上,送别人一个大品牌是不错的,可是接受礼物的人觉得这个品牌便宜的话,你知道他会怎么想?"原来你是送了一个便宜货给我。"这个逻辑就是**贵的才是好的,好的就是贵的。**

于是我们就充分利用这一点,借用顾客的认知,打出了一个广告——"高档牛肉周家口,更紧实",然后我们设计了两个信任状:

第一个信任状,就是产品本身。我们的牛肉确实很紧实。什么是好牛肉?一块牛肉,一刀下去,切得动但没有多少汤汁,很饱满的,就是好牛肉。如果一切下去就软塌了,有很多汤汁,那牛肉品质就一般。

第二个信任状,就是要得到行业认可。我们参加了大型比赛,获得了中国酱卤牛肉领军品牌。

接下来就是要把周家口牛肉的定位、信任状展现给大众。

周家口牛肉现在做得非常好，这背后有一个重要原因就是老板很有魄力。老板是周口地区最大的零售集团，第一年就拿出一笔钱来做广告。

主要战场在周口，那广告怎么做呢？就是买公交汽车的车身广告。当时周口地区的公交车大概有近千辆，周家口牛肉一上来就买了300多辆，后来越买越多，买到接近一半。

大家记住，如果预算是个固定数，打广告就不要散着打。不要又投公交车，又投地铁，又投横街天桥，又投电梯媒体，又投线上视频。要选一个赛道、在一个区域把预算全部投进去，要有足够的浓度。

周家口牛肉就选了公交车。结果不得了，当地消费者心智一下全部“炸”开了。现在，大众对周家口牛肉的认知就是：“周家口牛肉贵一点，好一点。”

第一年周家口牛肉的销售额就几乎翻了一番，超过了竞争对手，第二年就过两个亿。短短几年的时间，一个千万销售额的企业，就做到几个亿的销售额。周周已经被远远甩开了。

我又重新调研，问路边店的老板：“周家口牛肉卖得怎么样？”

回答是：“卖得很好啊！”

“周家口牛肉不是贵吗？”

“现在的人，谁不想吃点好的！”路边店的老板真会聊天啊。

一个好的定位加上一个好的配称，一定能打出一个辉煌的成果。中小企业同样可以走上逆袭之路。

04
做品牌要会自立山头

中国电动车行业的发展史，就是浓缩版的工业化进程。我研究了美国 300 年工业化的历程后发现，各行各业打到最后就剩数一数二。

比如美国市场，牙膏市场就剩下佳洁士和高露洁，可乐市场就剩下百事可乐和可口可乐，汽车市场就剩下通用和福特。大部分同业同行，都淹没在历史的长河里。

2022 年，雅某一年销售了约 1500 万辆电动车，全行业约 5000 万辆车，雅某占了行业的 30%；爱某卖了约 1000 万辆，占 20%；台铃卖了约 800 万辆，占 15% 左右。雅某、爱某、台铃加起来占这个行业的 65%，剩下的 100 多个品牌只占 35%。

大多数企业家对于商战的残酷性理解还不深，其实战争是以牺牲为代价的。

非洲有句谚语“大象打架，蚂蚁遭殃”，谁是蚂蚁呢？小品牌都是。这个行业的残酷性就是，2009 年全行业 1200 家厂家，如今只剩下 100 多家。活下来的企业零头都不够，整数全部消失了。再过三五年，不知还有几家在厮杀。

台铃有约 800 万辆的销量，压力来自老大、老二。

面对越来越血腥的战场，台铃的山头在哪儿？

大量的市场走访，渐渐勾勒出台铃的发展方向。

自 2006 年台铃专注长续航电动车开始，到今年已经 17 年了，取得了辉煌的战果，从年销 100 多万辆，迅速增长到年销约 800 万辆。台铃的诉求是跑得更远的电动车，这引起了雅某的重视，它推出了冠 × 系列，主打续航。这也意味着，雅某也是认同台铃长续航电动车这条赛道的。

台铃第一个提出“跑得远”诉求，主打长续航。雅某推出冠 × 系列加入战团，台铃如何应战？

台铃的战略就是既然老大来了，那就迎战，主要有以下几个原因：

1. 在长续航这个赛道，台铃 2006 年就布局了，有 17 年先发优势；

台铃 长续航电动车
跑得更远
·专注长续航17年·掌握长续航核心科技·创造长续航世界纪录

自 2006 年台铃专注长续航电动车开始，到今年已经 17 年了，取得了辉煌的战果，从年销 100 多万辆，迅速增长到年销约 800 万辆。

台铃
长续航电动车

2. 跑得远是台铃第一个提出的，是台铃长续航电动车的利益点；

3. 台铃是长续航世界纪录保持者，一次充电跑 656.8 公里；

4. 台铃独创电池、电机、电控三电一体长续航体系。

那具体怎么表达呢？

显而易见，台铃更好的战略是集中资源聚焦在细分赛道上，这样就能跑赢对手。

新战略呼之欲出。台铃将“长续航”升级为一个细分品类，就是 17 年专注的长续航这个赛道，告诉消费者“台铃长续航电动车，跑得更远”。

台铃另立山头，开创一个新品类，在这个山头做老大，这个山头叫长续航电动车。在专业上我们称之为品类法则，台铃开创一个新品类，专注在长续航电动车，放弃普通电动车，提供跑得更远的利益点，解决顾客的里程焦虑。

这就是台铃的战略。在长续航电动车这个赛道，台铃一马当先，跑得更远。

第八章

让客户高兴买单

强大，就是能与任何不如意相处

01
广告要有消费者感知点

重庆有个百年老字号叫张鸭子，每年在重庆市区投 1000 万元广告费，“一年卖出百万只，三代祖传更好吃”。

张鸭子是做卤味的，它用三斤大小的整鸭来做，烤下来三斤变一斤，最后到成品就变成七八两。

广告词听上去也不错，“一年卖出百万只”表示卖得很多。“三代祖传更好吃”说明它是一个老字号，这里有信任状的概念，的确是很牛。

可是问题来了，连续两年每年投 1000 万元广告费，但是效果没有达到预期，问题出在哪儿呢？

我们去重庆市场调研了一圈，发现了问题：“一年卖出百万只”给人的感觉是卖得挺多的，可是消费者的反应是“我怎么没有看到排队”。张鸭子在重庆门店不少，分摊下去百万只也看不到排队。

“三代祖传更好吃”，消费者的反应是什么呢？消费者对“三代祖传”能理解，但对“更好吃”没感觉，这个观念太宽了。做广告不要有“更好吃、更好闻、更香、更健康、更美味”这样的表达，如同吹微风，消费者没有感知。

那怎么办呢？我们给张鸭子重新梳理了战略。

张鸭子的制作流程是把一只三斤左右的鸭子用 36 味卤料浸泡一天一夜，之后再吊起来烘烤。三斤烤出一斤，你觉得鸭子是柔软还是有点干呢？肯定是有点干的。

围绕着张鸭子的制作工艺，我们调研发现，市场上还真没有这样做鸭子的，我们知道机会来了。

首先我们给使用这种制作工艺烤出来的鸭子取了个名字，叫卤烤鸭。

一个好的品牌故事，要包括品牌、品类、定位、信任状或者利益点。

对于这个案例，品牌叫张鸭子，品类叫卤烤鸭，这是张鸭子的定位，也是一个全新的品类，考虑到消费者可能不理解卤烤鸭是什么，我们需要解释一下。那消费者为什么要买你的卤烤鸭呢？要给出一个利益点——干香，这个利益点消费者能感知出来。

至此，完整的品牌故事在紧锣密鼓的市场调研后就呈现出来了：

张鸭子卤烤鸭，先卤后烤干又香

战略定位确定后，企业持续传播，很快销量就增长了 10% 以上。

其实，当初在提交这个报告的时候，企业高层还是有些担心的。

一是担心卤烤鸭这个品类太窄了，受众群体太小；二是有高管提出，本来就有消费者抱怨我们的鸭子烤得干，如果我们自己还说干，就怕中老年人更不买了。

这种担心存在吗？我们就去市场调研，在市场上走访的时候，看见一位 60 岁左右的女士在买张鸭子，我立即走上前说："你买的张鸭子我来付，我就问你两个小问题。"

她说："可以，那你问吧。"

第一个问题就是："这种卤烤鸭你经常买吗？"

她说："是啊，经常买。"

第二个问题就是："嚼得动吗？"

她说了三个字："慢慢嚼。"

你看，品牌一旦进入心智，会影射出很多东西。就像百事可乐，年轻人喝的可乐，中老年人喝不喝？一样喝。

很多中老年人认为自己的生理年龄会老，但心理年龄可以很年轻。

品牌一旦进入心智就会有光环，也会有溢出效应。

02
企业家也是表演家

老乡鸡是定位10多年前的客户，是个很值得点赞的中国品牌。我看好老乡鸡，现在它已经扩展到千家门店了。有一件事它干得特别漂亮。

2020年疫情，老乡鸡产生了亏损。它的员工就给老板写了一封信，大意说："老板，企业都亏损了，要不我们的工资打折，或者我们不要工资了。"

结果老乡鸡的董事长搞了一个手撕员工信，他说："哪怕是卖房子，也要确保你们有饭吃、有班上。"

果然，老乡鸡董事长手撕员工信传播出去获得了广泛点赞。有粉丝觉得，这真是位有良知的商家、好心的老板。

2020年，老乡鸡花200元在农村搞了一个企业年度战略发布会，整个会场非常简陋，就几张破旧的板凳桌子，董事长一个人在主席台上做报告，下面听众寥寥无几。

企业年会才花200元，通过传播让你看到，却花了不少银子。

这就是我们经常讲的"小事件，大传播"。很多企业都搞反了，变成"大事件，小传播"。

什么是“小事件，大传播”？发布会200元开完，通过传播让你看到却可能需要一笔不小的投入；手撕员工信也是如此，老乡鸡董事长对着镜头拍一个动作，几乎无成本，要你看见却是一笔花费，小和大是比较而来的。

什么叫“大事件，小传播”？很多企业开年会，花100万元请了很多人来，甚至花500万元请明星来，在一个五星级酒店把年会开得很好，却不花钱做传播，市场上几乎没有人知道。

有一点要注意，传播内容不要太正式。

因为重的东西传播不出去，只有轻的东西才能飘得远。

老乡鸡在传播上深得要领。他的官方微博就不太正式，“咯咯咯咯哒……”这样一声鸡叫就结束了，结果收到6000多个点赞。

老乡鸡还有一条微博说：“老乡鸡跟周黑鸭谈恋爱，被董事长当场擒获。老乡鸡说，瞧你干的好事，都上热搜了，你让村里的其他鸡怎么看？村里的其他鸭怎么看？村里的其他动物怎么看？”读者看完以后是不是觉得挺轻松的？因为这个，你会不会喜欢上老乡鸡？

其实，粉丝就是喜欢不那么严肃，就是喜欢轻松一点。所以说，对外传播要欢快一点，要轻松一点，要“浪”一点。

事实打不过是非，是非打不过恩怨。讲道理没人愿意听，讲故事却能赢得人心。

一本正经做产品，很不“正经”做传播。在这一点上，老乡鸡董事长的传播理念在企业家群体里是领先的，值得大家学习借鉴。

03
爱的反义词是遗忘

传播的最终目的是让消费者记住，而不是展示你很有才华，千万不要搞错了。爱的反义词不是恨，而是遗忘。

2019 年全网评出来最受争议的广告你知道是哪一条吗？Boss 直聘的“找工作，我要跟老板谈”。2020 年全网评出来最受争议的广告是哪个？铂爵旅拍的“想去哪拍就去哪拍”。

这两个广告最终都进入了消费者心智。消费者很有意思，他一边吐槽你的广告，另一边又下载 Boss 直聘、铂爵旅拍，成为用户，打电话说我想应聘，我想去罗马拍、去海南拍。

最终，Boss 直聘超越同行成为第一；婚拍市场整体下滑，铂爵旅拍一枝独秀往上涨。消费者的言语和行动是两回事，言语上他可能不喜欢你，行动上他可能会挺你，你是要他喜欢你，还是要他买你的单？

广告成功的秘诀在于，要给消费者一个买你而不买对手的理由。

Boss 直聘给出的理由就是可以跟老板谈。这个概念很好，Boss 直聘在同业中全网下载量领先。

铂爵旅拍给出的理由是消费者想去哪拍都可以，可以随时到任何地方去拍。

成功的前提是一定要给消费者一个买你的理由，定位一定要清晰。

购买理由清晰后，接下来就好办了。传播有一个重要的基本原则：简单重复。不要担心消费者不喜欢你。

为什么以前不这样讲呢？因为当今社会最大的问题是信息爆炸，消费者要记住你太难了。怎么办呢？就是要重复讲才有效。很多企业家说："那消费者要是不喜欢我怎么办？"不喜欢不怕，遗忘才可怕，定位清晰消费者就会买单，想想脑白金、Boss 直聘、铂爵旅拍，就是鲜活的案例。

举一个例子。假如我今天到深圳了，我给张小姐打个电话，她很高兴，说："哎呀，顾老师，我好喜欢你，晚上请你吃饭啊！"

然后张小姐跟涂小姐说："顾老师来了，今天晚上请他吃饭吧。"

大家猜猜这个涂小姐会怎么反应？第一个反应就是："好啊，我好喜欢这个老师。"对我来讲，她的回答就是满分。

如果涂小姐说："你去吧，我一点都不喜欢顾老师。"那你给她的回答打多少分？打 50 分？ 40 分？如果是我，我打 90 分，为什么？

在这个纷繁的世界里，她居然还能记住你，你不觉得很难得吗？

最可怕的回答是"顾老师是谁？"，这就表示顾老师从来没有进入过她的心智。

各位读者，我们前面只有两条路，要么就喜欢，要么就不喜欢，但一定不能是遗忘。对你来说，你做不到让你的潜在顾客爱你，那就让他忘不了你，只是你要给他一个买你的理由。

肆

第四篇

定位聊职场

捷径是最长的弯路，
艰难是披着荆棘的康庄大道

第九章

吃饭是个技术活

这个世界上，只有强者才会示弱，而弱者只会逞强

01
63 元请上亿存款大户吃饭

我刚在渣打中国北方区上任，就遇到了一件棘手的事情。一个拥有上亿存款的大客户，在我们银行的存款却少得可怜。后来，我只用了一招，这个客人就变成了我的客户。

那天，我的同事跟我说："Peter，给你介绍一个重点客户，我们都叫他蔡兄。这个人账上的现金过亿，在我们两个同行那里都有大量的存款，但在我们银行存款很少，只是他财产的零头。蔡兄在我们银行的存款要到期了，我们已经通知他尽快到我们这里来办续存手续。当然，我们希望他续存的同时，也把存款多放点到我们银行。可是我们以前做了很多努力都不成功。"

我说："怎么不成功？说点细节。"

他说："蔡兄每次到北京来，我们的两个竞争对手都会去机场接，他们还会请蔡兄吃饭，送礼物，他们都是个人掏腰包，跟蔡兄的关系非常好。我们也想和人家走近点，可是既接不了机，又请不了饭。所以，蔡兄在我们银行的存款就一点点，这么多年都没变。现在，你来了，希望能够帮我们突破。"

我说："这是一个死局啊，听上去我们一点机会都没有。"

他说："是，Peter，现在唯一的机会就是一个星期后他的存款到期，他要到我们银行来办展期。"

我想了想，说："OK！我试试。"

成功是一场有预谋的精心策划。如果没有预谋，你是很难打赢竞争对手的。我做了以下几个动作，成功拿下了蔡兄。

第一步，先弄清楚蔡兄是哪类人。

人大体分为三种类型：听觉型、视觉型、动觉型。听觉型的人占15%左右，视觉型的人占35%左右，动觉型的人占50%左右。

听觉型的人思维严谨，逻辑性比较强，一般脸上表情不丰富。他不轻易下决定，一旦决定就不易反悔。他喜欢依靠听觉做判断。

怎么交往听觉型的人呢？有一个最简单的方法，用声音。

1. 见到听觉型的人，你不用给他展示画面，声音是重点。比如你告诉客户："只要买了我们的产品，就可以参加青春魅力三亚游的活动。"然后把惊涛拍岸的撞击声，海鸥的鸣叫声，海滩上人们享乐的欢叫声等放给他听，他就很容易被打动。

2. 和听觉型的人聊天，背景音乐一定要轻柔一点，因为他不喜欢嘈杂，一闹他就觉得不舒服。

3. 听觉型的人喜欢有逻辑的表达，最好的方法就是你说话时要用1、2、3来表达。

视觉型的人有什么特点呢？视觉型的人经常讲的话就是："哎！你

这个东西看上去很不错！”所以当你跟视觉型的人讲话的时候，他脑子里是在放电影的。同样是去三亚旅游，你应该知道怎么样去跟视觉型的人表达了吧？最好就是放视频让他看！

动觉型的人在意什么呢？动觉型的人讲得最多的一句话就是：“嗯，感觉不错！”他是从整体感觉出发来做判断的，听到或看到都会触发他的情绪。

分析完之后，我问同事蔡兄是哪类人。同事想了想，觉得他可能属于动觉型。动觉型的人既要看上去不错，又要听上去不错，总体感觉不错。

第二步，针对蔡兄我们开始准备起来。

1. 蔡兄来的当天，门口保安一定要穿着整齐，精神头要足，微笑得体，如果有女保安就更好，就是男的要帅、女的要漂亮。

2. 把我们银行的背景音乐换成轻音乐。

3. 所有的指示牌要清晰，一目了然。

4. 把蔡兄的照片展示给员工，只要他一走进来，见到他的员工都要打招呼说“蔡先生好”，标准口型，嘴角上扬。

5. 蔡兄平时抽骆驼牌的香烟，我们提前准备好。

最后，我告诉同事，约蔡兄上午 11 点钟到银行，不要太早，否则没法找时机和他吃饭。

很快一个星期过去，蔡兄来了！

当他走进银行门口的时候，保安很有精神，每个人都和他打招呼。

背景音乐轻柔，指示牌清晰，走进会议室，有他喜欢的茶，也有骆驼牌香烟。

见面之后，营业部主任向他介绍我：“这是我们华北区主管 Peter 顾。”我热情地打招呼说：“蔡先生好！非常荣幸有机会今天见到您。江湖上您的传说很多，第一次见到真人真是太激动了！”

很快一个小时过去，要办的业务都办好了。按照以往的流程，蔡兄来签完字以后马上就要走，他很忙，请他吃饭的人也多。

我要做的事就是打破常规、与众不同，轮到我说话了：“蔡兄，你看时间已经到中午了，要不您请我们大家吃个饭？”

蔡兄一听愣住了，旋即被我给气笑了，说：“来来来，你是银行里第一个说要我请吃饭的，挺有意思！给我个理由，为什么我要请你们吃饭？

我说：“蔡兄，你看我们银行有个最大的特点，就是我们都是土豆，嘴笨，不会说话。每次您到北京来，我们都不知道去接您，我们把所有的心思都放在您的财富保值、增值上，我们真的不知道怎么样去讨一个人喜欢。”

接着，我又说：“蔡兄，您把钱放在我们银行，这就是对我们最大的信任。幸而不辱使命，您在我们银行保持着不错的收益。我们这些小伙伴可费心思了，天天都在关心您的财富投资标的变化。

您来银行最关心的应该是您的资产，安全稳定的增长是我们永远的追求，也是我们对您最大的付出。”

蔡兄一听，就说："Peter，你是第一个这么跟我说话的，你说得对。"

我说："蔡兄，我们渣打的人，都是实心眼儿，追求信托精神，因为相信所以托付，我们最大的心愿就是对您托付的资产尽责。"

蔡兄显然被我打动了，说："好吧，今天中午我请你们吃饭，要吃什么？"

我一听来劲了："蔡兄，第一，您请小伙伴吃饭，可能会温暖他们好几年；第二，吃什么我们不懂，您见多识广，托蔡兄的福，我们也豪迈一次。"

蔡兄一听也来了兴致，说："我知道这附近有一家不错，那你们跟着我。"

我马上就说："是，是，是，这个地方我听过，就是从来没有进去过，那我们就跟着您扫盲了，您就是我们的大哥！"

就这样，我们没有花钱请蔡兄吃饭，反而是他请我们吃了大餐。

我组建渣达银行北京燕莎支行的第一件事情，就是把每个月 2450 元的营销费取消了。我对销售说，不要把心思花在请客吃饭上，应该思考怎么让你的顾客利益最大化，把心思花在保值、增值上。

当我把这个理念说给蔡兄的时候，蔡兄非常认同。他说："Peter，如果我公司的销售能像你这样，我们的业绩还能提升。"我说："蔡兄，很感谢你的认同。我看出来了，其实你也挺喜欢我的。"就这样，我们成了好朋友。

所以，要想打赢你的竞争对手，**一个最有效的方法就是要与众不同，他们请客户吃饭，你就不要请，他们去接客户，你就不要接。**因为如果拼请客，我们拼不赢竞争对手，他们比我们有实力得多。

一个品牌、一个人怎么样可以进入心智呢？最佳方法就是别人往左，你偏偏往右。我就用这一招搞定了蔡兄，从此我的品牌进入了他的心智。

这件事之后，蔡兄就成了我的好朋友，经常跟我联系，他觉得我这个人和别人不一样。有一次，蔡兄到上海来了，在北京他请我吃了饭，这次到上海来，我应该回请他一次，可是我请他吃什么呢？我这么个打工仔，努着劲请他吃什么，他都会觉得不过如此嘛。

花钱还没有好印象，我才不干这事儿呢！那次蔡兄来了以后，我去接他时说："蔡兄，欢迎来上海！上海有一个地方特别有名，这个地方最大的特点就是永远在排队，为了请您吃这顿饭，餐厅一开门我的同事就去等了，10 点钟开门，要等到 12 点钟才能吃上饭。"

蔡兄一听来了兴趣，说："哟，还有这么火的地方。"

我说："当然有，您去后就知道了。不过这个地方有一个特点，就是人太多，所以环境有点嘈杂，人挤人、人挨人，不知道蔡兄介意吗？"

蔡兄说："没事的，人多说明生意好嘛！"

其实，人多是因为便宜。在这个港式茶餐厅里，在一个非常小的桌子旁，我们两个面对面坐，63 元搞定。

可是我不能对蔡兄说便宜。很多人做销售的时候会说“买我吧，我实惠，我便宜”，这是一个要命的打法。我们可以卖得便宜，但不要诉求便宜。

有一个最基本的定位小知识，**卖得便宜的，常常可能卖得多，但千万别说便宜，只说卖得多。**

“怎么说”很重要，它直接影响客户的体验。如果你说它很便宜，别人就会觉得不好吃。可是如果我说，因为它卖得很火，很多人排队，我早上10点钟就排队了，12点钟才吃得到，他再去吃的时候感受就不一样。

后来，我问蔡兄这家茶餐厅好不好吃，蔡兄说非常好。其实，不是那个餐厅很好吃，是还没有到餐厅以前，我就让他觉得好吃——不是风在动，是心在动。

这就是定位。**定位就是要让别人觉得你好，在消费者购买你的产品以前，先卖一个概念，卖一个感觉，卖一个认知，他就会觉得：嗯，那东西肯定错不了！**

02
化解新同事的鸿门宴

我从渣打银行总部调往北京的时候，最大的挑战就是北京的同事会怎么看待我这个南方人。上班第一个月，挑战来了。

有一天，十几个同事要请我喝酒，说欢迎我从上海来到北京，当天还有一位同事过生日。看着他们的眼神，我怎么都感觉这帮家伙要给我来个下马威。这哪里是吃饭呢，分明是鸿门宴。后来，我一招就化解了。

大家在餐厅刚刚坐下，就有一个帅小伙站起来挑事，这哥们后来和我成了好朋友，性格也特别直爽。那天晚上，他上来就说："Peter，今天晚上喝什么酒？"

我一看，第一这哥们是个刺头，第二他是带头大哥，第三不把他打趴下，这十几个人就会把我给吃了。我马上就说："那还能喝什么酒？到北京来了，总不能喝啤酒吧？来来来，上白酒。"他马上就愣了，他没想到我一个来自上海的南方人会主动求战，只能往下说："喝什么白酒"？我说："就喝北京二锅头，先给我来一箱！"

这哥们一下子被吓到了，说："等会儿，来多少？我们喝酒没有成箱上过，也不知道多少瓶。”

我说：“那就先来40瓶，每人两瓶二两的。”

这哥们赶紧解释：“Peter，不是每个人都能喝的，有些人不喝。”

我说：“我知道，平均嘛，每个人两瓶，先来40瓶，旁边再放20瓶，今天晚上也不要多喝，大家克制一下。”

这就是我的策略：酒还没喝，气势上先吓倒对手！最后他只能说：“上海来的真能喝啊，还来40瓶！”然后就跟服务员说来40瓶二锅头。

凉菜上来后，我就开场了，我说：“非常感谢大家，以后工作要靠大家多捧场，我先干为敬，能喝白酒的今天跟我一起喝，不能喝白酒的不勉强啊，我们今天晚上只有两种饮料，一是白酒，二是水。”

我也不经过他们同意，反正我是老大。一仰脖，我就把一瓶二两酒喝完了，我这么一喝，那十几个人只剩下面面相觑。

带头大哥紧接着喝完了，再接下来敢跟的五个人都不到。没有人敢这么喝，因为什么菜也没吃，一上来就整二两高度酒，太凶险了。

第一道热菜上来，我又举起酒杯说：“今天正好是某某过生日，我们大家为他祝福，生日快乐！”一仰脖，这瓶二两的我又一口干了。

之前还有五个人跟我喝，这一下又有俩怂了，有人说：“哎哟，Peter，你喝得这么急，我可喝不下去。”我说：“这样啊，那从现在开始你就自己慢慢喝，你也不用敬酒了，喝多少算多少。”

第三杯开始可以自由敬酒了，所有不喝酒的人敬我酒，我都喝水。有人抗议：“Peter，你不是喝酒的吗？怎么喝水了？”我说：“对呀，你敬我的不是水吗，你敬水我就喝水，不过分吧！”他们一想，好像也有道理，那我就开始大量喝水。

这时候带头大哥又起来了，说：“Peter，欢迎你来啊，我敬你一个，总部派你来支援我们，我们就有希望了。”他一仰脖喝了一瓶，我也一仰脖喝了一瓶。周围的人都看傻了，谁也不敢跟着喝了。因为没有这么喝的，才上两个热菜就喝了六两。

当我拿起第四瓶“小二”的时候，其实我也不能喝了，已经到了我的极限。但我必须拿起酒瓶，对带头大哥说：“来，咱们今天不醉不归，再走一个！”结果这哥们被我吓到了，他觉得我喝酒跟喝水似的，其实我喝得也难受，但我喝得很豪迈。

他马上说：“Peter，咱不这么喝，喝得太快了，我不擅长喝快酒。”我说：“那行，那今天咱们就喝到这儿，以后慢慢喝吧！”其实我也喝不动了。

当你以一对多，面临更多的挑战时，你要先发制人，千万不要被动挨打。这就和这顿酒一样，如果不主动出击，那天晚上我就会被死死灌醉。我就是靠着这种先发制人，找到带头大哥（在你的竞争中，需要找到主要竞争对手），一下喝下去，三瓶“小二”就把他镇住了。

在定位的世界里，事实不重要，认知很重要。在酒局上，我营造了一个认知，让带头大哥以为我很能喝酒，其实我就这么点酒量，但我喝出了气势，结果一下就把他打趴下了。那之后，工作很快在北京同事的支持下有条不紊地开展起来。

03 喝酒能破局

人生一定要喝酒，很多人说我不会喝酒。喝酒有什么不会呢，举起杯，张开嘴，倒下去，多简单！如果没有特别的原因，说不会喝酒，其实是态度问题。对成年人来说，喝酒没有什么会不会的问题，就是立场问题，立场决定态度。

为什么我讲一定要喝酒，不能只喝茶。喝茶是越喝越冷静的，喝茶会让人安静下来。人跟人打交道，一定要喝一顿酒，把双方的血都喝热了，如果两个人永远都那么冷静地聊天，是聊不嗨的，是不会产生相见恨晚的感觉的。

没有什么比吃一顿好的、喝一顿酒能更快打破人跟人之间的隔膜。你说你永远不喝酒，吃个饭也喝茶，越喝越冷静，结果两个人从晚上六点喝到八点，怎么都不嗨！

我知道我这么说，会有人说喝茶一样可以做生意。我同意，只是喝酒会让彼此更快熟悉。

实际上，如果你在酒桌上说“我从来不喝酒”，那意思是在说“我不想跟你快速熟络”。你会发现有些人是本能地说“我不喝酒的”。除非你一喝酒就倒，或者你有特殊原因，喝酒无非就是喝多喝少的问题，而且没有说叫你喝酒就一定要喝趴下，很多人的理解是错的。

当然有少数地方，一端酒杯就想要把你喝倒，这些地方就另说了。

当我们在外面谈合作、谈生意，人家跟你说喝杯酒，你连酒杯都不端的话，你觉得他会爽吗？他不爽了，再往下面谈，越谈越不爽。这种情况下，无论如何你也要举个杯，喝多喝少是能力问题，但喝不喝是态度问题，是立场问题。你一上来就说不喝，相当于把沟通的大门给关上了。

我以前也不喝酒，但我发现喝酒是最容易打开心智的。两个人素昧平生，要相互熟络起来得多难呐，那怎么办呢？吃顿好的，喝顿酒，两个人都喝嗨了，然后就有了相见恨晚的感觉，见一面就好像过了一辈子，迅速拉近了两人之间的关系。

喝酒能破局。

第十章

老板是你的贵人

老板永远都不会错

01
老板欣赏你的不是才华

老板最喜欢的不是才华，而是忠诚。忠诚比什么都可贵，我们很多人没有认识到这一点。

我上班的第一个月，老板带着我去喝酒，本来是要带科长去的。

我知道机会来了，给我一次机会，见面三秒我就会让老板喜欢上我。千军万马之中，你的大老板要提拔你，这个机遇有还是没有啊？一生难求。

吃饭的那个单位欠了我们银行110万元利息，就是不还，我们也不能起诉它，还想跟它搞好关系，因为那家企业很大，那怎么办呢？

于是，我们的大老板就请对方的董事长吃饭，我也不会喝酒啊，但那天晚上我一战成名，第一把110万元利息收回来了，第二我的老板从此就看上我了，觉得小顾这个人值得培养。

我在跟对方的董事长喝酒的过程中，我把董事长捧得比天高，董事长就有点得意了。

我们老板就说："董事长啊，这个利息嘛，你还是要还。"

董事长说：“小顾啊，你喝一杯酒吧，你喝一杯酒我明天就叫财务先还你们 10 万元。”

话说到这份儿上，我只能往前冲了。我说：“谢谢董事长，一杯酒 10 万元。”他本来的意思是“你喝一杯酒，我先还你 10 万元”。但我顺着他这句话，找到了机会。我马上就做了个手势，让服务员过来，我说：“给我拿 11 个杯子过来。”很快杯子到了，那位董事长看着我说：“你这是干吗？”

我先把 11 个杯子全倒满，然后再把 11 个小杯子的酒全部倒在一个大壶里。我说：“董事长，谢谢您给机会，您这 110 万元利息收回来以后，在银行我就能混得下去了，谢谢董事长给饭吃。”

我就趁他还没反应过来，把这一大壶酒喝掉了。喝完我就倒了，当场就把自己喝趴下了。

大家想想，众目睽睽之下，这么大一个董事长，也不好意思再欺负我一个 20 多岁的小年轻了。第二天我们就收到了那 110 万元利息。

第二天，我的大老板就找到我的科长，问小顾怎么样了。我的科长说“没事的，年轻人怕什么，扛一扛就过去了”。其实我是有事的，但我被大老板记住了。

我发现在酒桌上现在很多年轻人不喝酒，经常说的一句话就是“老板，我不会喝酒，一喝就吐”。这句话的潜台词就是：“老板，你一个人往前冲吧，跟我没关系。我就是不会喝酒。大不了此处不留爷，自有留爷处。”

大家千万不能有这种想法，有了你就会习惯性跳槽，不断在跳槽。其实我也不会喝酒，但我知道聊天的重要性。不懂人性、不通心智的人，这辈子的命运就四个字：怀才不遇。

一个企业，一个组织，上级欣赏下级最大的能力是什么？不是才华，这个世界上满大街跑的都是才华横溢的人。你跑到每个城市的CBD大厦，你到楼下去看一看，那里走的很多人都才华横溢，但有多少人会有大成就？

你要想获得成功，一定要无我，否则老板就不会提拔你，他不提拔你，你怎么会有机会呢？

千里马常有，而伯乐不常有。

02
先认错，不解释

我刚进渣打银行的时候，向两个老板汇报，一个香港人，一个新加坡人。

有一次，我的香港老板来北京开会，我迟到了，我本来提早了 20 分钟出门,但还是迟到了 5 分钟。因为 1 号线地铁突然停运了 10 分钟。

我走进会议室一看，所有坐 1 号线地铁的人全部没到。如果你迟到是因为某个公共交通事故，你会怎么说?

我走进去的时候，老板很生气，“Peter，你不知道 9 点开会吗?”我回答老板的第一句话就是“对不起，老板，我错了”，第二句话就是“给个机会，我下次不会了”。

遇到类似这样的事情，大家一定要记住，一是先认错，二是千万不要解释。为什么呢?因为多数人遇事就喜欢解释，还不认错。要想被你的老板看上，你要与众不同。

这样说完后，老板虽然很不高兴，但也不会再骂我了，因为我已经认错了，而且我也表态了。老板就觉得我态度还是蛮好的，也没什么可骂的了。我就找个地方坐下来，当我坐下来的时候我就知道逆袭的机会到了。

一会儿第二个人进来，老板一样把他骂了一顿。那个人进来后说：“老板，1 号线地铁停运了。”你看，一个猪队友开始解释了。

第三个队友一进来后，他把 1 号线地铁停运这件事又说了一遍。

等到第四个队友进来的时候，我的老板觉得有点儿不对，他意味深长地看了我一眼，他隐隐觉得我可能也是因为坐那条地铁线而迟到的，但我没有解释，而且我还认了错。我的老板瞥了我一眼，这一下就给了我机会。

如果老板瞥你一眼的时候，你应该怎么做呢？我马上就逮住这个机会，我的目光就迎上去了，我用目光告诉我的老板：“看到了吧，这帮家伙只会解释，还不认错。老板向我开炮，我行的，给我机会！”

很多 90 后开会时，老板讲话，他在看手机、看电脑。我的老板讲话时，我就拿个小本本对着老板，心中永远充满着两个字：敬畏。对老板没有敬畏，你永无出头之日，如果你是老板，你会不喜欢我这样的员工吗？

大多数企业在年底，老板都会布置明年的任务，我在这方面也很有体会。怎么跟老板谈指标？如何得到老板支持？怎样完成明年任务？这些问题我发现我的同事好像都没整明白，我来说说吧。

有一年老板分配第二年任务，她对我说：“明年你们华北区的利润要翻一番，有没有问题？”你知道我是怎么回答的吗？

老板给任务一般下属都会讨价还价，我的同事也是如此，我跟老板说的第一句话是："谢谢老板给机会，保证完成任务。"我的老板一听，马上追了一句："你有什么要求吗？"我说："没有要求。"我老板看我不提要求，就说："Peter，你有什么困难随时找我。"我说："谢谢老板，我先回去安排一下。"

请问，你喜欢像我这样的下属吗？肯定喜欢呀，不管给我布置什么任务，我永远就说一句话："保证完成任务。"

我经常跟我儿子说："足够愚蠢，才能够干掉足够聪明。"

我儿子研究生毕业曾在纽约一家上市公司上班，公司有 200 多人，那里是一个以白人为主的世界。我就问我儿子："你在这样的生存环境下，要让你的老板在 200 多人中一眼看到你，你怎么才能让你的老板把你提拔起来呢？"

我儿子所在公司员工很多都是名校毕业，而名校毕业的人有个最大的问题，就是自我感觉良好。所以，打赢竞争最好的办法就是足够愚蠢。其实做好两点就可以了：

第一，主动认错。团队出了问题，或者公司出了问题，只要跟你的团队有关系，要主动承担责任。四字真言就是永远讲一句话："我的问题。"

记住，一定要吞得下委屈，受得了冤枉，老话说得好，吃得苦中苦，方为人上人。

第二，永不解释。老板骂错了也是骂对了。老板认为你错了，你怎么解释也没用，不解释是成本最小的付出。

大家要知道，想出类拔萃，想赢得老板的选择，你一定要跟大多数人做得不一样，否则那个机会为什么会是你的呀？因为从竞争的角度出发，可替代你的人太多了，这个与才华没太大关系，与你的认知有关。

我再说一遍，智商是你的下限，情商是你的上限，一个不通心智的人是很难登峰造极的。

我们永远都不是在拼才华，我们永远都在拼人性、拼心智。老板说你没才，你纵然一世才华，也依然没才。

那些才华横溢的人，如果情商不够，这辈子最大的命运就是四个字：怀才不遇。

智商平平但靠情商来补的人，这辈子最大的命运也是四个字：贵人相助。

所以，我就跟我儿子说："把你的智商归零，要打通人性，听老板的话，跟老板走，永远以老板为导向，这样你就能打赢所有的竞争者。记住，忠诚是用对方喜欢的方式来表达你对他的好。千万不要从本我出发，从本我出发的人难有好未来。"

我儿子幡然醒悟："我现在终于理解什么叫大智若愚了。"

03
老板比平台更重要

扫描回复“赛道”
与顾均辉交流定位

选择，是一个很有趣的话题。比如，你现在面临两个选择：一个是蓬勃向上的赛道，在这个赛道里，你没有任何人脉资源，没人提拔你，要靠自己奋斗，但可以享受到整个赛道高速成长的红利；另一个是平稳发展的赛道，就是行业增幅比较平缓，比如餐饮业，但你在这个赛道里有个好处，就是有个老板很喜欢你，他可能愿意提拔你。

这两个赛道你会怎么选呢？大家可以私信我，一起讨论。

当然向下走的赛道我就不建议你去了，我个人倾向于选择有老板赏识你的赛道，只要这个赛道不是往下走的就行。选择老板比选择高速成长的赛道意义更大，因为赛道太大了，除非你是缺一不可，否则只靠自己奋斗获得成功，太难了！

比如你去选大的汽车赛道，像新能源、AI 等行业领先企业，它们的确走在未来上升趋势上，可是在这里如果没有老板欣赏你，或者说你得不到提拔的机会，你最多也就能得到一个行业平均增速，一辈子可能也就成为一个中产阶级。

相反，如果你选择去一个平稳的赛道，但有老板可能提拔你，你可能就会迅速成为这个平稳赛道的佼佼者，当然风险也相对更大一点。

从定位角度来看，我会选择有老板提拔的地方，原因就是老板重过赛道，我曾经工作过的大平台，如果没有人欣赏你，其实是很难的。

我去渣打银行的时候，我的运气就很好，靠着勤劳奋斗，靠着自己的销售经验，逐渐得到了老板的欣赏，在渣打银行成长得不错。

各位读者，老板比平台重要得多，有人欣赏你才是你人生逆风飞扬的最佳路径。

伍

第五篇

定位
聊家庭

我不是在最好的时间遇见你，
但遇见你从此就是我最好的时光

第十一章

老婆永远是对的

你表演得完美无缺
我配合得天衣无缝

01
找对伴侣，余生每一步都对

女生怎么样找到一个潜力股？男生怎么样找到一位贤内助，可以旺夫旺三代？

我给今天所有的年轻人一个建议：男生最优秀的品质是胸怀和格局，女生最优秀的品质是稳定的情绪。

怎么样确定一个女生有稳定的情绪呢？一个小测试就可以解决这个问题。

当双方在谈恋爱的时候，男生可以安排一次旅行，然后告诉女友你们这次旅行都妥当了，第一站去哪里，第二站去哪里，第三站去哪里，住哪里，怎么走，全部都安排好了。

当你们去到一个风景迷人的地方，稍微偏僻一点的地方，这时你突然告诉女友“我订的房间没有了，我搞错了酒店”。看一下你女友的反应。

如果你的女友慌乱无神，或者情绪波动，接着对你开始抱怨，这就意味着她可能无法管理好自己的情绪，她是不是你未来的贤内助要打个问号；同时还意味着当你遇到问题的时候，她可能不但不会帮你解决问题，还会给你制造出新的问题，把你搞得团团转，这时你自己已经面临一大堆问题了，还要解决她的问题。

为什么说我太太是一个很牛的人呢？就是每当我崩溃的时候，我太太总是告诉我说“老公不急，让我来重新回顾整个过程，我来解决这个问题”。我太太最擅长的就是我给她一把烂牌，然后她打出王炸。

把我太太这种女人娶回家，就可以旺夫旺财旺三代。男人需要的是一个情绪稳定的另一半，她不仅能够帮助你奋斗，更重要的是她可以管理好你的下一代，这非常重要。

有的女生说：“我就不是这样的女人，我就是毛毛糙糙的，那怎么办呢？”那你从现在开始就要学会管理好自己的情绪。相信我，只要你愿意，你一定行的。

你可以性情豪迈，但无论如何，该稳定的时候一定要静得下来。其实，只要你意识到这点，你就行。

那反过来，女生又怎么选择男生呢？有一个最简单的方法，就是找一件简单的事情让他重复做，做 100 遍、1000 遍，看男生能否坚持下去，但凡能做到的，潜力都是无限的。

比如减肥、控制体重，一个能够把体重控制到极致的人，这辈子应该不会太差。比如不迟到，够简单了吧，你能做到 1 个月不迟到，1 年不迟到，10 年不迟到，30 年不迟到吗？比如每天给自己的父母打个电话，你能连续 20 年做到吗？

如果想测试你的男友，看他是不是一个潜力股，找一些极其容易的事测试就好了。

记住，嫁给那个做得时间长、把自己管理到极致的男人，这样的男人未来可期。

所有人的成功其实都很简单，就看你自己愿不愿意了。大多数人都说“卷”得很厉害，其实并没有，大多数人都是普通人。如果你可以把自己的体重管理到极致，把自己的时间管理到极致，把自己的承诺管理到极致，你就不普通了，你就是一个非常与众不同的人，你就是下一个独角兽，你就一定会获得成功。

一个可以极度自律的男人，他会有几种可能性：第一，他是一个对你无限忠诚的人，因为忠诚，他可以把一件小事做到极致；第二，他是一个有责任感的人，没有责任感的人，做什么事都很容易放弃；第三，他是一个自律的人，这类人为了成功会想尽各种办法，极具成功的潜质。

所有场景，不管是男选女还是女选男，成功都是可以设计的。

人生是可以设计的。

02
你表演得完美无缺，我配合得天衣无缝

今天的社会，即便是高中或大学同班同学结婚的，离婚的也不在少数。我跟我太太过得很好，我们两个人每天在家里很愉悦，原因是什么呢？

我太太说："不是你表演得完美无缺，就是我配合得天衣无缝。"

我说："你怎么知道的？"

她说："你以为我不看你的视频吗？"

年龄大了就会容颜衰老，但我还是看她不老，像青春 18 岁的样子。答案不在容颜，答案在心智，要不然婚姻怎么保鲜？

为什么现代社会出轨率这么高呢？其实出轨是新人做旧事。

握手的那个是新人，这个好理解，那啥是做旧事？就是把和你配偶做过的旧事又做一遍。有人说在婚姻的世界里去创新，想着换新人，这个理念不对。

婚姻不是想着和新人做旧事，应该反过来，和旧人做新事。

在南京我的一期定位落地实操课上，有一对珍珠婚的夫妻，那位

男士特别激动，他说：“顾老师，我跟我太太30年珍珠婚，就在你的课堂上过的，这就是我和我太太做的一件新事，夫妻一起来学定位。”

我太太知道我在愉悦她，我也知道她在依恋我，我们都知道双方在努力做得更好（一个表演，一个配合），我们很享受这个过程。

伟大的爱情都是小事，做好每件小事就会很愉悦。两个人走在一起几十年了，还愿意演个戏，这件事本身就很牛。

我常说，喜欢她并表扬她叫真实人生，不喜欢她也表扬她叫艺术人生。

世俗的婆媳关系为什么常常会有矛盾产生，有一个很重要的原因就是不够艺术。

大家要记住，儿子只要娶媳妇了，他就不是你儿子了，他是别人的老公；只要女儿嫁人了，她就不是你女儿了，她是别人的老婆。这就叫艺术人生，要不然日子怎么能过得好呢？

人的一生就两个角色，要么做演员，要么做观众，只不过时而做演员时而做观众。

当你做演员的时候，人生如戏，全靠演技，你演技不高，怎么会有票房，你还想生意做得好？

当你做观众的时候，你需要配合一下，该点头的时候点头，该鼓掌的时候鼓掌。

夫妻之间把日子过好的原因是什么？就是你表演得完美无缺，我配合得天衣无缝，这就叫夫妻。

03
任何一段关系都要经营

千万不要觉得老夫老妻的，就不讲究了。婚姻是一定要经营的，没有两个人天生就是合拍的。

关于怎么平衡工作与生活，我是很有体会的，我一年 365 天 200 多天出差。

我觉得有两点最重要。

第一点就是每天一定要跟太太保持一个通话。比如我今天晚上 9:20 左右飞到深圳，11:20 到酒店，你知道我会怎么做吗？起飞前，我就告诉我太太，我飞到深圳要晚上 9:20，等到酒店的时候我再跟她视频，我知道她 11 点多应该还没有睡，在等电话。我打电话就是要告诉她“我一直在你身边”。

我也会在工作之际，比如我在参观工厂的时候，抽空找个地方给我太太打个电话。

有很多夫妻一开始本来挺和谐的，但日子没过好，问题可能就出在这儿。夫妻之间一定要经常保持互动，打视频电话，让双方经常看到、听到。

第二点更重要，就是要创造在一起的机会。

比如我经常会出现这种情况，今天晚上我要从深圳飞到昆明去，然后从昆明飞到北京，那我经常会做一件事情。

如果我是明天下午在昆明有约，那今天晚上我就不会飞昆明了，我就会从深圳飞回上海，哪怕晚上 11 点到，我也要飞回去，我要见到我太太，跟我太太拥抱一下。

大家都认识亲的繁体字“親”吧，就是“亲”字旁边加一个“见”字，亲是需要“见”的，所以我就会当天晚上飞到上海，亲完了见完了，第二天上午再飞到昆明。

很多年轻人不理解，说你这样很辛苦啊！是有点儿辛苦，但大家知道吗？旅途的辛苦、身体的辛苦，永远抵不过精神的愉悦，神清气爽可以很好地弥补身体上的辛苦。

我太太说：“老公，你不要跑来跑去了，真的很辛苦。”

我说：“如果不见到你，所有的辛苦都会积攒下来。见到你，新的一天又开始了。”

她说我是马屁精，知道是在拍她。

婚姻最重要的就是“你在乎我，你时刻把我放在心里”，这种感觉是最安全的。

04
可以愤怒，但不要愤怒地表达

在我妈妈眼里，我太太总是不好。我妈妈说："儿子，你怎么选媳妇的。"我跟母亲说："媳妇很称儿子的意啊！"因为在我眼里，我太太没有缺点，只有优点和特点。

年轻的时候，每次我妈妈到我家里来，我跟我太太把家里整理得再好，我妈妈都会找到不对，其实她是在说我太太。

我太太在娘家是排行最小的，嫁人以前她从来没有做过饭，没有洗过碗，什么都没干过。刚结婚那会儿，我们家里从天花板到地板，每个空间都有东西，家里的碗她不会洗，要等我回来，我太太可以精准计算到我回来的时间，再来支配碗筷。其实，我知道我太太是在向我撒娇。

我太太有时候还会跟我调侃说："你不觉得家里有点儿乱吗？"

我说："不，这怎么能叫乱呢，这叫错落有致。我从小就懂唐诗宋词，在你身上我永远都能发现美。"

她说："那你倒是说来听听。"

我说:“我一回来,你就让我看到了一道靓丽的风景线,这真是‘横看成岭侧成峰，远近高低各不同’。”

我太太听完哈哈大笑:“还可以这么聊天啊！”

我说:“有你在，世间便美好。”

这就是我讲的,该怎么去表达一个人的情绪。年轻时我挺生气的,我已经那么累了，回来还要我洗碗。

大家一定要记住我这句话：你可以愤怒，但不要愤怒地表达，因为愤怒会让事情变得更糟糕。

今天，最美就是回家，因为太太把家收拾得越来越清新温暖了。

05
男人要会哄，女人要撒娇

男人搞定女人一个字就够了：哄。

男人要学会哄女人，哄的最高境界是什么？就是别把女人说的话太当真，女人天生就是不讲道理的。

如果有一天你碰上了一个讲道理的女人，那你更惨，因为她是不讲道理的加强版，她总是以讲道理的方式来跟你不讲道理。我太太就是一个讲道理的人，而且还擅长挖坑。

早上起来，我太太试件衣服，对着镜子问我："老公，我是不是胖了？"这是大家都会遇到的一个坑，多少青年才俊，智商很高的人，都折在这上面，因为不会聊天。

所以，男人要搞定女人，最好的方法就是"哄"。

女人搞定男人就两个字：撒娇。

会撒娇的女人是幸福的，那撒娇的核心是什么？就是说话要说得足够温暖，然后肢体上要有一定的动作，比如扭扭腰，这样你就很容易融化对方。

课堂上有同学说了，"顾老师，我没腰"。

我笑了，扭腰的重点在扭，不在腰。

放松是最好的状态，最近的距离是内心的接受。

我每次见到金嗓子的江佩珍董事长就是如此，每次见面都感到特别亲切，跟她没有距离感。

人与人之间有距离感，不是因为年龄的问题，而是心态问题。江董事长很慈祥，有威严，大家对她很尊重，所以都特别礼貌。

这恰恰会制造距离。也许是江董事长内心的温暖融化了我的拘谨，我每次见到江董事长，都好想拥抱一下，挽着她的手走一走，她是会给我力量的。

第十二章

对上要孝，对下要慈

苦难不是财富
战胜苦难才是

01
最好的孝顺不是给钱

人老了最怕什么？大概是怕觉得自己没用。我就做了一件特别简单的事儿，父母开心地说我是全天下最好的儿子。

我常年在外出差，很少有时间陪伴父母，一般就只有到过年的时候，或者父母有什么急事时，我才会回到父母身边，那怎么解决这个问题呢？

我就坚持每天给父母打一个电话，到今天已经坚持了 7000 多个日子。一开始我会有意识地提醒自己打电话、打电话、打电话，后来就变成了习惯，如果不打这个电话，就好像一天中缺少了什么似的。

很多人以为孝顺就是给父母钱，不是的。什么是对父母最好的孝顺？就是让父母愉悦。

《论语》中子夏问孝，孔子说“色难”。色难是什么意思？就是很难对父母做到和颜悦色，儿女很容易给父母脸色。我非常认同这一点，所以我常常告诫自己不要给父母脸色看。

我父母都 80 多岁了，我每天打电话会先问候一句爸爸妈妈，告诉他们今天我在上海、北京或是某地，先告诉他们我在哪里。然后我说“你们吃饭了吗？你们在干吗？”，也是一些很平常的问候。你会发现父母太可爱了，这时他们就会滔滔不绝地跟你说一些温暖你、关心你的话，或者是他们生活中的家长里短，你只需要听着就好。

他们会把对儿女的爱全部倾诉出来，哪怕今天你已经有孩子了，他们也会滔滔不绝地来关心你。这就是我们可爱的父母，他们需要的是一个倾听对象。

小时候，父母是我们的观众；长大了，父母老了，我们要做他们的听众。不能经常看望父母，我就天天给他们打电话，一是报平安，二是听他们唠叨。

虽然，有时候父母也会数落几句，我的内心也会起涟漪，但很快我就能自我按摩到位。我父母对谁都很客气，儿女大概是他们唯一能数落的人。每每想到这里，我就眼眶湿润！

人老了很多事都干不了，就怕麻烦别人，怕别人觉得自己没用，也怕给儿女添麻烦。每天打电话给父母，听到他们的声音，告诉他们，“爸爸，我很想你！妈妈，我很爱你！”，然后给父母点赞，有机会见到他们时，抱抱爸爸妈妈，这就是最大的孝。

我就是因为做到了这件简简单单的事，结果我父亲说我是世界上最好的儿子，母亲说我是全天下最优秀的儿子。

对父母不需要做什么惊天动地的大事，我只是做了一件特别简单的事，就是打打电话，聊聊家常，做父母的听众。

简单重复，一晃就过了 20 多年。

02
苦难不是财富，战胜苦难才是

有一位可爱的家长，他把自己的宝贝女儿拉上了绿皮车，和她一起坐了十几个小时，不是坐在座位上，而是坐在绿皮车的地板上。

有记者问他："你为什么要让你的女儿吃这么多苦？"

他说："其实我的目的就是想让她知道赚钱不容易，要好好珍惜今天的生活，我想让她吃一点苦，让我的孩子明白生活的艰辛。"

让孩子经历更多的苦难，这件事你觉得有意义吗？

我的观点是这毫无意义，因为苦难不是财富，战胜苦难才是！

让女儿在绿皮车的地板上坐十几个小时，的确很辛苦。只是回到家里，又住进了自己的豪宅。这样的吃苦对二代没有意义，对一代很有意义，你知道问题出在哪儿吗？

我们的一代作为创业者，他当年真的是坐绿皮车，在城市没有地方可去，就住在大桥桥墩下。当他从大桥下走出来，他战胜了苦难，最后住进了大别墅，他就会想起当年他坐绿皮车、睡桥墩下的这段经历，会很有意义。

可是二代完全不同，二代坐完绿皮车后，他就直接住进别墅了，他完全没有一个奋斗并且战胜苦难的经历，你叫他去吃这个苦毫无意义，而且他只会觉得你在说教。

要让孩子学会的是战胜困难、战胜挑战，这样二代才会有心灵的冲击，才会有切身的体会，纯粹去学吃苦只会留下灰暗，并没有战胜苦难之后的喜悦和自信。

另外，苦也不是吃得越多越好，不是你让他去吃苦，他就知道怎么成长了。有人说这是挫折教育，但关键是这种挫折，你的孩子战胜了吗？

没有战胜挫折，就只会让你的孩子很受挫折。

我和我太太不会这样有意地让孩子主动去吃苦。在成长的岁月里，孩子当然会遇到困难，我们特别是我太太会全心地陪伴，她会鼓励孩子自己去面对，自己找出解决之道。有时候我会说话，有时候我不说话，在教育孩子方面，我们积累了很多有益的经验。

让孩子摔一跤，让孩子遭遇挫折，然后激发他战胜困难，自己去摸索能走出困境的道路，而不是父母代他越过困难，这是我和我太太经常干的事情。如果孩子遇到无论什么问题，父母一个电话或者一顿饭就摆平，也许只会让孩子更加依赖，甚至会让下一代有挫折感而非自信，这就适得其反了。

陪伴，特别是陪伴孩子并鼓励他战胜苦难，可能是最好的财富。

看待苦难和财富的理念不同，会催生不同的自己和下一代。

03
家庭关系，谁排在首位

在二人世界中，认为父母排第一的，很多夫妻都走不下去；认为儿女排第一的，你就会发现，这辈子你过得很没有自己。

婚姻的世界里，什么样的关系排序，或者说什么样的关系认知，才是最稳定和谐的家庭呢？就是夫妻关系永远排在第一位。

夫妻彼此互为第一梯队，排在家庭关系的首位，才会幸福美满一生。夫妻关系第一，父母儿女第二，兄弟姐妹第三，不要排错了位置。

我经常讲，女儿、儿子结婚后，就不是你的女儿、儿子了，是别人的老婆、别人的老公。

对于父母也是一样，你只要结了婚，你的太太/老公就是你“永远的神”，对你而言她/他才是最重要的。这是一个理念问题。

有人认为父母最重要，还有很多家长为了自己的儿女，把自己的老公/老婆都给冷淡了，这是最令人遗憾的。

在不久的将来，儿子将成为别人家的男人，女儿也会成为别人家的女人，这就是现实。大家不觉得结了婚的儿女和以前不一样吗？新家庭的诞生，意味着回不到从前了。这恰恰是一次进步和延续。

陆

第六篇

定位
聊个人

你是谁，决定你人生的起点；
你和谁在一起，决定你人生的高度

第十三章

不打通心智
将一事无成

三年学说话
一生练闭嘴

01 靠努力，并不会成功

单靠自己努力，今天越来越难成功了！

我们总说自己很辛苦，也一直很努力，但比我们辛苦、比我们努力的人太多了。

辛苦不等于成功，成功是有方法的。

特劳特在40多年前就有一个著名的论断，叫成果在外。其意是取得成功的因素在外部，一定要在外部找到机会走向成功，而不是在内部靠自己的努力和辛苦去取得成功。

这句话很多人不理解，问："那照你这么讲，我没有水平也可以吗？"

我问过特劳特这个问题，他说："可以！前提是你能抱上一条大腿。有人托起你，你就行。"我顿时就想到，有些人就是因为有人推，他们就成功了。

成果在外用大白话说就是：你还是你，你该怎么学习，你还要怎么学习；你该怎么努力，还要怎么努力；你该有什么才华，你继续有什么才华。但这不决定你能成功。

你能不能成功，是要有人助你一臂之力的。所有的伟大到最后，你会发现都是因为在某年某月的某一天，一个人遇见了另外一个人。

但在今天这个饱和经济时代并不容易实现，卷得越来越厉害，财富向头部集中，创业不容易，守业也不简单，所以你一定要主动出击，找到你人生中的那一个人。

成功不是靠努力，而是靠选择。

02 和谁在一起，决定你的人生高度

有一个人，他红了 1000 多年，今天我们还知道他。

千年以前，他给李白写了一封信，他说，先生，你到我这里来玩吧，我这里有十里桃花，还有万家酒店。

李白这个人挺有意思，他除了会写诗，就爱吃喝玩乐，尤其酷爱喝酒。李白一听那里有十里桃花、万家酒店，他就去了。

结果跑到那里一看，哪有什么十里桃花啊，只是有一个地方名叫十里桃花；哪有什么万家酒店啊，只是有一家酒店叫万家。李白哈哈大笑。

好在写信人擅于酿酒，他为李白酿了许多美酒，李白畅饮无数，玩得非常高兴。一周以后，李白准备走了，写信之人做了一件特别牛的事情，李白感动得不要不要的。

他买了八匹骏马，每匹骏马在今天的价格大概要 30 万元；他又买了十匹锦缎，每匹锦缎今天的价格至少也要 1 万元。

他把价值 200 多万元的骏马和锦缎一下子全部送给了李白，李白收到这么一份厚礼，那自然是特别高兴。

李白一高兴，就写了一首诗：

李白乘舟将欲行，忽闻岸上踏歌声。
桃花潭水深千尺，不及汪伦送我情。

无名之人汪伦从此千古留名！

1000 多年过去了，今天我们从定位的视角来聊汪伦与李白的故事，的确有很多有意思的启示：

1. 人要学会讲故事。汪伦显然是个讲故事的高手，十里桃花、万家酒店想象着就很美。汪伦在李白的心智中创建了一个足以打动他的认知，他给了李白一个游玩的理由。

定位就是聊个天，给你一个买我的理由。汪伦是定位高手，开局不错，大网红李白真来了。

2. 事实不重要，认知很重要。事实是没有十里桃花，也没有万家酒店，但李白的认知中有就是有。农夫山泉有点甜，事实上甜或者不甜不重要，消费者认为甜很重要。

很多人爱着自己的老婆 / 老公，却没有让对方知道，没有形成爱的认知，这也许就是婚姻出现问题的原因之一。

爱的认知比爱本身重要得多。

3. 爱就是用对方喜欢的方式，表达对他的好。李白好酒，汪伦就投其所好。看似简单，我们却并不是常常能做得到。

我太太喜欢喝冷水，我偏偏喜欢喝热水，每次给我太太倒水我总是给热水，这让她很沮丧，她认为我不懂她。我也很委屈，我可是为了她好。每个人都活在自己的认知里。还有一句父母对儿女说的经典语言，“爸妈都是为了你好”，你是不是经常挂在嘴边？

企业经营也是如此。我们总是自说自话地介绍自己的产品，至于是不是消费者想听的，能不能让消费者记住，我们却很少关注。这会导致我们与潜在顾客的沟通效率降低很多。

4. 买单是最快的破圈方式。要成为大网红李白的好朋友，小迷弟汪伦可没少破费。

老特说破圈有两种方式：一是花钱，这是最快的，就是买单、送礼物；二是花时间，陪伴也是一种告白，只是会慢一点。

汪伦显然选择了快，选择了买单。高手啊！汪伦，千古留名！

5. 名字要短。汪伦的名字是两个字，如果是三四个字的名字，那李白就要取舍了。

名字不要太长，2 优于 3，3 优于 4，越短越好。

6. 成功是一场有预谋的精心策划。故事、美酒、礼物，一步接着一步。你看到的都是我想让你看到的，你听到的都是我想让你听到的。

7. 你是谁不重要，你和谁在一起很重要。和谁在一起，决定了你的人生高度。

03 会说话，更会闭嘴

你知道怎么做一个好参谋吗？

假设你是职场精英，你的老板要做个品牌，想同时做出三个产品，你跟老板说："不能用一个牌子做三个产品，要用三个牌子分别代表三个产品，做出三条赛道才会赢。公司目前资金有限，就不要三条赛道全开，先开一条赛道。"

老板觉得很扯："你根本不懂，我们一个牌子就够了，哪有那么多钱打三个牌子，而且产品的功能越多，解决的问题就越多，卖得越好。"

类似的对话在职场上是不是经常能听到？听上去你老板说的也对，所以他根本不会采纳你的建议。

老板在一帆风顺、志在必得的时候，你很难劝住他，你只要说："嗯，可以试一下。"等他得意不在的时候，你再站出来："现在不要急，我可以扶大厦之将倾。"这时候老板就会说："靠你了，兄弟！"

提醒一下各位，劝说老板并不容易，你能做的是给新产品找个源点市场、源点人群先试一试，一则检测一下产品的成熟度，二则理顺一下供应链，三则看看是否有负面口碑。当然，还可以减少试错成本，把损失减到最小。试小错，是为了帮助老板实现更大的未来。

怎么与老板沟通，怎么与同事沟通，怎么与合作伙伴沟通，你要把握好一个度，掌握好什么时候该说什么、该说多少。

劝人是一门学问。你要看人说话，对方的包容性大，你就可以说得多些；如果对方比较排斥，你就应该适可而止。说多了就会变成对立，对立的沟通只会把事情越搞越糟糕。

所以，这时候你的回答就是“先试一试吧”。沟通是有技巧的，你过于反对一个人的时候，他正在兴头上，是不会居安思危的。人习惯于“居危思安”，“居安思危”是领袖气质。

我很喜欢天体学，每当自我感觉良好的时候，我就会去看浩瀚的宇宙。在一望无际的宇宙面前，人真的很渺小。

不要过度自我感觉良好，也不要总是想着去纠正别人。

如果对面的人和你没有什么利益关系，那你可以说：“试试吧，挺好的，人总是要有梦想的，万一实现了呢！”其实，这话的意思就是告诉对面的人，风险要自担。

如果你们之间有利益关系，那你还是要表达清楚你的观点。为什么？这是“信托”，因为信任所以托付。

如果你是老板，那你更要明白上面的话。既要知道对方在说什么，又要让员工、合作伙伴畅所欲言。

一个企业要成功，需要面面俱到；一个企业要失败，一面不到就完了。

第十四章

定位助你逆袭人生

提升认知
是人生逆袭的唯一途径

01
100 天遇见贵人

我在纽约的时候，有一次去一家中餐馆吃饭，碰到一位年轻的服务员，她给我留下了非常好的印象。

我问："你来纽约多久了？"

她说："三年了。"

我问："那你是来这里读书吗？勤工俭学？"

她说："是的。"

我问："打工挣的钱够用吗？"

她说："勉强够用，挣得不多。"

我说："教你一个方法，让你 100 天内就可以人生开挂，你想不想学？"

她问："收费吗？"

我说："不收费。你今天为我们提供的服务非常好，我免费教你。"

她说："那当然愿意了。"

我说："好！首先你要愿意改变。"

她说："我愿意。"

我说："大概率 100 天内你会遇见贵人。"

这小姑娘一听都乐疯了，她说："我特愿意，你教我啊！"

我问："你在这里管几间包房？"

她说："两间。"

我问："每间包房每天都有客人吗？"

她说："中午有时候有，有时候没有，但是晚上都有。"

我问："你能分得清楚走进包房的客人，谁是请客的，谁是被请的吗？"

她说："这很容易分得清楚，一眼就看得出来。"

我说："从现在开始，你把大部分注意力放在这两个人身上，请客的和被请的。"

我问："你有一点点权利吗？比如你可以送个小菜呀，或者送个什么小物件之类的。"

她说："有的，我有这个权利。"

我说："小姑娘，我教你。你把注意力集中在这两个人身上，比如你要关心一下这个请客的和被请客的喜欢吃什么，你就动用你的权利给他们送一点。记住，你在送礼物的同时，还要说些温暖的话。三个要点：第一，你最好的礼物就是微笑；第二，在你权利范围内送些菜品、饮料、点心等；第三，顾客如果有意见，不要去反驳和解释，因为你越解释，你的顾客越不高兴，你认错就好了。"

我继续说："假设你每天晚上有两桌需要服务，每桌有一个请客的，有一个被请客的，也就是说你每天晚上能见到 4 个这样的人，那 100 天的时间内，你就能见到 400 个人。在这 400 个人里，只要有一个人喜欢上你，让你进他的公司，给你一个好的职位，你的人生就能开挂。你懂吗？”

她听完后，激动得不行：“太感谢您了！您这一番话，比我读十年书都管用。”

我相信，如果这个小姑娘能够坚持用好这个最简单的方法，100 天就会遇见她人生中的贵人。

任何一个人如果你能领会这三个要点，大概率这辈子的命运就四个字：贵人相助。

02
先选城市还是先选专业

关于高考怎么填志愿的问题，很多人都是先选专业，再选学校，最后选城市。

完全反了！应该先选城市，后选专业。

最近马斯克到中国走了一圈，回美以后特斯拉市值猛涨 2000 亿人民币，重回世界首富之位。马斯克到中国去了哪几个城市呢？北京、上海、广州、深圳。你现在知道城市有多重要了吧！

在北京，你走在马路上，走到某个高校，走到某个大一点的公司，迎面突然走过来的可能就是马斯克或者另一个马斯克。这些企业家，他们很有可能到这里的公司商谈合作，或者去某个大学演讲，那你买张票进去就能见到他们。

如果你选的大学在三四线城市，那你就可能四年大学期间连个 500 强企业的企业家都见不到，更别说马斯克了。记住，首选去大城市。

在大城市，什么事情都可能发生。你在上海、深圳地铁站，和你撞个满怀的可能是个亿万富翁，被你踩了一脚的可能是个 10 亿富豪。在成功人士多的城市里转，你离成功会更近。

有人说要逃离北上广，回到家乡去奋斗，其实北上广是最好奋斗的地方。

你要想的，不是逃离北上广；你要想的，是怎么在北上广奋斗出来。

如果可以的话，建议先选全国 GDP 排名前十的城市里的大学，在这里你会遇到“大神级”的教授、杰出的企业家、无限潜力的学兄学姐，万一碰到这样一位牛人赏识你，给你搭个台，命运的齿轮就开始转动了。

你说你才华横溢，相信是金子总会发光的，但前提是要有人欣赏你的才华。大城市里名人大家多，伯乐也多住在大城市。

选大学也是这个逻辑，越是好的大学，各界名流来得越多，水平高的老师、同学也多。

选择的顺序就是：城市→大学→专业。

03
不要对身边人显摆

无论你取得了多大的成绩，记得千万不要跟身边的人显摆，因为没有人希望你比他过得好，希望比别人过得好是常态。

人们常做的傻事，就是告诉闺蜜或发小自己多有钱。“哇，你今年赚了 100 万，挺多的了。我也才赚了 300 万。”这时你的闺蜜心里会有反应。

比如你问兄弟：“今年赚了多少钱？”他说：“我亏了 10 万。”你说：“哎呀，我挺幸运的，赚了 300 万。”这时你那兄弟会不爽，因为越近的人越会比较。

所以，在你的生意做火以后，千万不要买辆豪车回家过年，小心你在给自己惹事儿。也千万不要因为买了一处豪宅见谁就说：“你买房了吗？我买了，500 万一套。”千万不要跟身边的人显摆。

当然，爸爸妈妈例外，夫妻例外。孩子也要少说，兄弟姐妹也不要多说。

一般来说，父母是不会嫉妒你赚得多的，老婆和老公是利益共同体，赚得越多越好。对于其他人，你千万别显摆，否则别人可能就会有各种化学反应。

那怎么办呀！有人说："我是个普通的人，我赚钱了就是想显摆一下，怎么办？"

那你就找一辈子只见一面的人显摆。人生中遇到的大多数人都是这样的，见的第一面也是见的最后一面。

假如你生活在南方，你就跑到北方去，或者干脆跑到国外去，那个地方的门童、餐馆的服务员、路上的行人等，应该就是你今生只见一面的人，你在他面前可以任意显摆。

他卖你一瓶酒，100 元一瓶，你可以说"这么便宜啊，档次太低了，后面加个零的还差不多"，这样你的显摆情感就抒发出来了。

当然，要注意安全，显摆容易招嫉妒和煞气。

04
普通人的逆袭从地板开始

普通人家出生的孩子，要想逆天改命，有个最基本的前提，就是不能太在意自尊。寒门出贵子的前提就是要把自尊心收起来，把脸面放在地板上，这是第一步。

第二步就是看清形势，你的目标是到天花板，要怎么做呢？

有个最简单的方法，就是你要具备一个寒门逆袭的能力，要见面三秒让对方喜欢你。

其实，这并不容易做到，大多数人都有一个过不去的坎，就是自尊心，“有什么了不起，我是没钱，但我也不稀罕你”。这是一个要命的认知。

有人会说，富不过三代。可是，贫穷代代传。

你要做的就是认同他，走进他的战壕，跟他做同一个战壕的人。

那怎样可以走进去？就是见面三秒让他喜欢你。你要学会赞美，你要学会送礼物，你要学会不反驳。这三点可以让你无所不能。

普通人的逆袭从地板开始。

05
用事业成就友谊

不要用兄弟友谊去开创事业，要用事业去成就一生的兄弟友谊。

成年人的世界其实特别简单。长大以后，很多人会发现自己和发小或闺蜜，走着走着就散了，为什么？就是因为你们两个之间没有共同利益，没有勾连。

我们公司春节放假 14 天，我前七天在老家，后七天在惠州。惠州的冬天暖和，在惠州过年时，有朋友会开车一两百公里跑到惠州来，只是为了一起吃顿饭。

惠州的海鲜很不错，但你觉得海鲜有那么好吃，他开车一两百公里到惠州只为一顿海鲜？一个朴素的原因就是去年我们合作挣钱了嘛！这种美好的感觉，值得驱车前往。

他说："顾老师，你到惠州了，我得请你吃顿饭。"

我说："算了吧，这么远，别来了，过年路上也不是很方便。"

他说："不远，不就 200 公里嘛！"

其实，见面聊感情是一方面，聊来年怎么大干一场才是重点。

成年人之间可以永远扭在一起的不是感情，而是共同利益。

一起拼一起挣钱，就是一辈子的好兄弟。